贰阅 | 阅 爱 · 阅 美 好

让阅读走心

让阅历丰盛

婚姻的真相

李子勋 著

北京联合出版公司
Beijing United Publishing Co.,Ltd.

图书在版编目（CIP）数据

婚姻的真相 / 李子勋著 . —北京：北京联合出版公司，2020.12（2024.8重印）
ISBN 978-7-5596-4611-8

Ⅰ.①婚… Ⅱ.①李… Ⅲ.①婚姻—社会心理学—通俗读物 Ⅳ.① C913.13-49

中国版本图书馆 CIP 数据核字（2020）第 189462 号

婚姻的真相

作　　者：李子勋
出 品 人：赵红仕
选题策划：北京时代光华图书有限公司
责任编辑：徐　樟
封面设计：新艺书文化
版式设计：冉　冉

北京联合出版公司出版
（北京市西城区德外大街 83 号楼 9 层　100088）
北京时代光华图书有限公司发行
北京晨旭印刷厂印刷　新华书店经销
字数 204 千字　880 毫米 ×1230 毫米　1/32　10.5 印张
2020 年 12 月第 1 版　2024 年 8 月第 3 次印刷
ISBN 978-7-5596-4611-8
定价：68.00 元

版权所有，侵权必究
未经书面许可，不得以任何方式转载、复制、翻印本书部分或全部内容。
本书若有质量问题，请与本公司图书销售中心联系调换。电话：（010）82894445

致谢

在先生辞世两周年之际,他生前亲自筹划的书能够出版,实属不易。在此衷心感谢尊敬的朱建军、杨凤池、阿果、刘丹等几位专家对这本书的点评以及多年来对我的支持、帮助和关爱。

特别感谢我亲爱的朋友胡素卿女士。作为先生的门生,她担负了继承先生衣钵及遗愿的责任,不负重任地完成了这本书的整理工作。

还要感谢可亲可敬的贰阅心理的陈宇老师、何萍老师和袁艺丹老师,在他们的坚持及努力下,这本书才能顺利出版,和读者朋友们见面。

作为妻子,看到先生的遗愿得以实现,欣慰之余,唯有感谢!

在现实生活中，婚姻本无真相，唯有自己的感受才是真实的。如果问我在与先生的这段婚姻里收获了什么，答案就是生命的滋养和力量。

希望这本书能让更多的朋友在面对爱情和婚姻中的问题时，改变期待，摆脱困境，收获圆满的人生体验！

马春辉
2020 年 9 月 3 日

| 推荐序 |

人们往往希望自己能拥有美好圆满的婚姻。

有这种向往的原因之一可能是在这个快速发展的时代,虽然我们崇尚自由、独立、富于个性的多元化情爱方式,但人总是生活在关系之中,也容易被关系影响,人们内心稳定、愉悦的感觉的一部分,是由稳定的外在环境建构的,而婚姻毫无疑问属于外在环境的重要部分。

在一种亲密而长久的关系中,人们更容易体会到单纯又深刻的幸福感。婚姻似乎也成了自我成长的见证,虽然我们生活在快速变迁的时代,但由这种关系带来的恒定感,仍会让我们感受到,有一种坚如磐石的存在不至于使自我太过碎片化。

只是，在现实中，公主与王子从此开启幸福生活的故事并不常见。有时候，婚姻无法成为快乐的城堡、双方关系的花园，甚至其中硝烟四起、狼藉一片，让人望而生怯。

很多时候，婚姻中之所以有烦恼，是因为我们在无意识中有"无须努力便会拥有更和谐的婚姻"的假定。这种以自我为中心的观念伴随着理所当然的态度，会成为婚姻成长的障碍。

李子勋老师在《婚姻的真相》一书中探讨了婚姻中的种种问题。睿智的心理学家化身为子木先生和子木夫人，以男女双方的视角巧妙地解读了婚姻生活中的矛盾冲突，其中包含了对两性立场平等的探索，我们理解了冲突的本质，就会看到化解冲突的可能。

李子勋老师在后期的思想实践中，希望将后现代心理学理论与技术运用到婚姻咨询中，希望咨询师在与来访者探讨婚姻问题时，增加开放性，包容不确定性。这样的思路即是李子勋老师创作本书的初衷。

因此，在"一起聊聊"部分中，李子勋老师以自己善用的叙事、提问技术为基础，将每个涉及婚姻的现实话题，深化为个案对话形式的自疗之旅。每个案例中夫妻的名字都以东东、西西指代，他们到底是谁不重要，重要的是他们所处的婚姻关系情景。

读者将在阅读中体会，如何通过坦诚的对话，把两性之间的亲近转化为真正的亲密和爱。

李子勋老师的思想灵动，重视直觉和感受，少有生涩的理论。如果一定要在心理学理论中选择一个概念来概括李子勋老师解决婚姻问题的思路，那么用"心智化"这个词是比较合适的。心智化是指能够通过对心理状态归因来解释自己和他人的行为，简言之，就是理解、感知他人。心智化能力的发展，与生命早期的依恋体验有关。父母、教育者和孩子之间产生的情感互动，可以促进孩子的心智化能力发展。这其中存在一个循环：一个孩子越被理解，他成长后就会越多地理解父母和他人。

只是，在现实的教育体系中，理性、逻辑及规则意识的发展更被重视，心智化教育的容身之处非常有限。这种状况的结果是，孩子长大后可能在事业上非常成功，但往往会在复杂的人际关系中陷入困境。

婚姻生活恰恰需要两个人的心智化交汇。

如果说生命中所有美好的事情都需要慢慢培养和品尝，那么婚姻当然更值得如此。愿这本书能够激发每一位关注情爱与婚姻关系的读者朋友自我反思和成长，重构婚姻故事。

李子勋老师说过，婚姻的实质，是一场陪伴。

在充满爱的关系之中，人们通常可以感受到强烈的满足感，并由此生发出对生命极大的热情。婚姻中并没有高深的规则和真理，但婚姻中的人要准备好以开放的心态保持对彼此的欣赏和好奇。共同经历风雨和岁月的沉淀，婚姻将呈现出醉人的芳香。

拥有了这样的爱，哪怕命运无常，哪怕有一天不得不分离，也会有开启新生活的信心和智慧。

学生　胡素卿

2020年7月于洛阳

胡素卿：国家二级心理咨询师，家庭治疗师，高级企业 EAP 执行师。师从李子勋老师，李子勋后现代整合应用技术课程地面督导师。

CONTENTS

/

目 录

PART 1
两个人

婚姻从爱情的种子中生长出来，扩展了外延和内涵，当婚姻中的激情慢慢变淡，相依为命的本质逐渐凸显出来时，相互实现、相互帮助、相互尊重便会让人感到幸福。

No.1　怎样减少婚前焦虑　　　　　　　　　　003
　　　　——爱自己，不过分期待

No.2　如何平衡"我们"与"我"的关系　　　　017
　　　　——好的婚姻不会让人失去心灵的自由

No.3　纪念日必须有惊喜吗　　　　　　　　　029
　　　　——一起体验期待中的欢喜也是浪漫

No.4　对方为什么总在我们交流时无理取闹　　041
　　　　——两个人需要在亲密互动中彼此认同

No.5　没做好准备就怀孕了怎么办　　　　　　053
　　　　——夫妻双方都需要在这一时期获得安慰

No.6　无性或少性就是不爱了吗　　　　　　　065
　　　　——性行为不是维持亲密感的唯一方式

PART 2
三个家

婚姻不仅是两个人的融合，也是双方原生家庭与新生家庭习惯与价值观的融合，在这一过程中产生的冲突就是家庭文化的冲突，是所有婚姻都要面对的。

No.7　不善社交的伴侣怎么融入你的家庭　　　　079
　　　　——做伴侣与你原生家庭之间的桥梁

No.8　过节去谁家　　　　091
　　　　——默契的夫妻愿意互相成全

No.9　你有没有在父母来时忽略对方　　　　103
　　　　——提升共情能力，维护伴侣的重要性

No.10　另一半太听原生家庭成员的话怎么办　　　　115
　　　　——维护小家庭与原生家庭之间的界限

No.11　怎么让双方父母更和谐　　　　127
　　　　——承担好各自的责任，不避重就轻，不过度承受

No.12　爱就意味着控制吗　　　　139
　　　　——儿时延续的不安会让爱变成控制

PART 3
N 种争斗

婚姻像生命一样，在不同的阶段会呈现出不同的样子，肯定酸甜苦辣都要经历，从冲突与烦恼中，我们会获得滋养，获得情爱的智慧。

No.13　对方为什么总胳膊肘往外拐　　　　　　155
　　　　——任何人的包容都有限度

No.14　曾经的好脾气怎么变坏了　　　　　　　167
　　　　——把控制自身情绪的权利留给自己

No.15　对方向你求教是想让你说是非对错吗　　179
　　　　——求教是假，想要陪伴是真

No.16　总翻旧账还能感受到爱吗　　　　　　　191
　　　　——要求合理才能让婚姻更圆满

No.17　家庭规则应该由谁制定　　　　　　　　203
　　　　——双方都有决定自己生活模式的权利

No.18　存私房钱算不算背叛　　　　　　　　　215
　　　　——良好的生存方式是情爱的根本基础

No.19　伴侣隐瞒了异性交往怎么办　　　　　　227
　　　　——将有趣的事加入生活

PART 4
一生修行

　　深入地想，婚姻其实是一个人的婚姻，因为人对婚姻的感觉完全在于自己。生命是一条自我完善之途，婚姻是我们生命中的修行。

No.20　姐弟恋能长久吗　　　　　　　　　　　　　　　241
　　　　——成熟的女人也需要被照顾

No.21　年龄差距过大是所有问题的根源吗　　　　　　255
　　　　——老夫少妻需要平衡内在爱的需求

No.22　怎样解决二胎家庭的多重烦恼　　　　　　　　267
　　　　——夫妻关系是所有家庭关系的核心

No.23　出轨后的婚姻还能修复吗　　　　　　　　　　281
　　　　——理解婚姻，出轨的人背叛的是自己

No.24　被疾病或残疾挑战的婚姻还能圆满吗　　　　　297
　　　　——面对意外，更当珍惜

No.25　无味的婚姻还有继续的必要吗　　　　　　　　309
　　　　——为了维护自己的婚姻观而破坏婚姻值不值得

PART 1

两个人

婚姻从爱情的种子中生长出来,
扩展了外延和内涵,
当婚姻中的激情慢慢变淡,
相依为命的本质逐渐凸显出来时,
相互实现、相互帮助、相互尊重便会让人感到幸福。

NO.1
怎样减少婚前焦虑
——爱自己,不过分期待

西西 | 一个月之后,
就要和你牵着手,走进婚姻的殿堂了。
不知道别人婚前什么感受,
我的心里,
如一团乱麻,又喜又愁。

人们说婚姻是爱情的坟墓,
还有人说婚姻是围城,
城外的人想进去,城里的人想出来。
我不知道我们的爱,
是否也会在婚姻的城里苍白?

我不知道自己能否做一个令你满意的妻子,
把你的生活照顾得井井有条。
我从小到大在家里什么都不会做。
可是马上我就要去照顾另外一个人了,
我真是一点儿准备都没有!

你一直和你孀居的母亲生活在一起,
结婚后你也希望和母亲同住,
我理解并答应了你。
可我不知道能否和你的母亲和睦相处?
好多人都告诉我,婆媳是天敌啊!

我更不知道,你会不会对我的身体不满意?
当洞房的灯光熄灭时,
我的一切秘密都将暴露在你的眼前。
我不敢想,你如果不喜欢,
我该怎么办?

东东 | 还有一个月就要结婚了，
里里外外的事情让人忙得要命。
都说爱情是两个人的事，
可怎么有这么烦琐的过程。
不过想想也是应该的，
结婚毕竟是一辈子的大事。
虽然累，可是我很高兴。

你却没我这么快乐，
我反复问你为什么，
你也不愿意和我说。
好像是怕我婚后不再这么爱你，
我安慰你，说不会不会，
这一生我都会像现在这样爱你！

我确实很珍惜你，
也下定决心，这辈子要好好对你。
可是，
谁知道以后会有什么事啊，
现在去琢磨那些没影的事，
不是杞人忧天吗?!

不过，哥们儿都说，
结婚以后就没有自由了。
也不知道你以后会不会管我那么多，
连出去踢个球儿都要唠叨，
连看别的女孩一眼都要生气。

子木先生

　　人们都说存在婚前焦虑症,"大嘴美女"朱莉娅·罗伯茨在《落跑新娘》中演绎的也许是西西的心态。婚姻与爱情不一样,就传统观念和婚姻构词学来说,爱情是男方追,付出;女方许,接受。婚姻却是女性嫁,给出去;男性娶,迎回来。婚后,男方从被动的一方变成拥有者,心态自然是积极的,仿佛已把金丝鸟关进笼里;女方却从主动的一方变为所属者,心态从婚前的自信慢慢转化为不那么笃定。被恋人追求与在意的时候,女性会无意识夸大自己,以自我为中心,一旦关系变了,出现心理落差,这种自信就要打折扣。

　　女性有种天赋的本能,就是要守住爱情,这样的本能仿佛是一种集体无意识。而雄性生物天生具有不专一性。要想把一个不专一的雄性变为专一的男人,婚姻中的女性就要具有能力。所以西西会担心自己的身体美不美,能否让东东喜欢。男人如果要长久地爱一个女人,需要形成一种对这个女人上瘾的感觉,也就是要产生一种无意识的、不可替代的,甚至不能遏制的依恋。不过,西西的身体是否被东东喜欢,并不能成为东东是否依恋西西的全部因素,关于这个问题还要考虑女性的人格力量和女性内在的母性。

　　不过,东东的担忧正好相反,他不担心妻子变心,而是担心自己是否会被约束。这样的担心也是男性的集体无意识。男人从母亲的管束中脱离出来,到另外一个女人的怀抱中,被管束的恐惧会再一次浮现。如果这个男人小时候对母亲有逆反心理，那么结婚后，一旦妻子稍有微词，这个男人就会很敏感，以为妻子要干涉他。其实西西只是善意地提醒和挂念。不过我真正的担心是东东的男性占有欲和攻击欲不是很强，因为，都要结婚了，连女友的身体还未看到过和接触过，他们可是生活在21世纪的年轻人啊，这一点多少有点让人匪夷所思。所以，我担心东东有恋母情结，他心中的忧虑可能类似于一个孩子的忧虑。

| 子木夫人 |

呵呵！你不能因为西西的一句"你会不会对我的身体不满意"就妄加断言。女性嘴里所说的"身体"常常象征着自我。身体是自我的边界，但不是自我的全部，自我的含义比身体要广。热恋的时候也许她与他也有销魂时刻，不过那时，西西会有许多含蓄与保留，展现出比较美好的那部分身心，下意识掩藏自己觉得不那么完美的部分。同样，男人在被性欲冲昏的时候，多少会有些不理智，对女性的身体不会观察得那么仔细，也不会那么挑剔，但在清醒状态下，他们就做不到了。男人会看到女性生活中的一切，女性仿佛赤裸着曝光在爱人日光般的视线中，没有衣物的粉饰，也没有心理伪装。西西的担心是内心比较敏感的女性惯有的。

（子木先生插话："难怪结婚三年，你还不想让我看到你更衣沐浴！"）

不过，要注意，男人在热恋中说的话是靠不住的，"这一生我都会像现在这样爱你！"只能听听，满足一下耳朵的快感。我觉得热恋中的男人所说的山盟海誓只能当作调情语，周星驰的经典台词"如果非要在这份爱上加一个期限，我希望是……一万年！"这类话，只是爱情的调味剂而已。

爱是需要调情的，女性特别喜欢用耳朵（听觉）体会情感，原因是女性激情的时候大多喜欢闭上眼。不过，不要把这样的话当成誓言，不然，双方都会很累。

太美好的誓言会让我们失去现实感，女人们要知道男人的爱很可能是不可靠的，守护和经营爱情需要用自己毕生的努力。美丽的誓言让我们想入非非，会让我们以为自己碰到的男人与众不同，认为别的男人会花心，自己的男人不会。殊不知，这样的想法会让我们对婚姻的期待不现实，让我们的心理变得敏感、脆弱。这与"爬得高，跌得疼"是一个道理。

一起聊聊

西西：我现在心里很忐忑，又高兴又担心，对自己和东东未来的新关系，有点没把握。

子木先生：东东也有这样的感觉吗？

东东：我不焦虑，但是我看到了她的焦虑。以前我们聊起结婚这件事时，她都是很向往的，但事情临近，她反而不像以前那么兴奋了，有点郁郁寡欢。我本来对婚姻没有什么复杂的想法，现在搞得我也跟着忐忑不安。

子木先生：东东知道西西具体担心什么吗？

东东：我大概能感觉到。她担心很多，比如担心我不再爱她了，担心我会变心什么的。

子木先生：你对自己有这种担心吗？

东东：没有。我会跟她讲我永远爱她。

子木先生：那么西西，你觉得东东现在做些什么或者再说些什么，会减少你的这种担心？

西西：我觉得他可能暂时做不了太多。无论他说什么做什么，我都会担心，因为这种担心是好多事压在一起以后产生的，而不是因为某一件事出现的。我和他说起一件事，他会给我一个保证，但其实还有很多很多别的事,所以他保证了一件事并不能代表其他事都有了保证。

东东:我不知道怎么证明。而且说得直白一点,这些事都是将来的事,海誓山盟是我当前的真心话,但也只能是在她有需要的时候,让她明确一下。现在我觉得有点无力。

子木先生:这是否意味着我们该思考婚姻了呢?从哪一刻开始,婚姻变成了一件让西西忐忑的事?

西西:从我们决定结婚后,这种感觉越来越强烈,我想得越来越多。

子木先生:那么,你感觉步入婚姻后的自己,和步入婚姻之前的自己,是截然分开的吗?这两个时期的自己完全不同,还是步入婚姻之后的自己只是现在的自己的延续?

西西:我觉得……(沉默思考)应该有现在的自己的延续,但是肯定也有一些变化。

子木先生:你担忧的是变化的那部分?

西西:是的。我没有信心应对即将有变化的那部分。

子木先生:那么西西,我们可以来假设一下,今天发生什么,会让你忽然之间对将要改变的那部分有信心?

西西:今天发生什么?我想不出来。

子木先生:如果说,婚姻只会让你的一部分发生改变,你的很大一部分还保留着原来的样子,你觉得你所担忧的事情还会发生吗？那些想法会不会只是当前的推测呢？

西西：我想……如果我可以确认，在婚姻中我能更多地做自己，不用因为适应外界的事做出许多改变，也许我就不那么害怕了。

子木先生：东东怎么看待西西想要更多地做自己？

东东：我肯定支持。我们一路走到今天，也不是一帆风顺的，我们有能力把问题处理好，走到结婚这一步就是胜利。将来也许还会经历各种磕磕绊绊，但是我觉得我们有很好的基础，会处理好的。

西西：我只能说，我了解你结婚之前的那部分，但是你没结过婚，我也没结过，我们一起往前走的话，我可能对你不那么有信心，对自己也没什么信心。

子木先生：西西，你和东东是在哪一刻决定结婚的？

西西：我们认识很久了，我很爱他，所以才愿意和他结婚，是很自然地走到一起的。

子木先生：对于西西说的爱，东东有什么感受？

东东：我觉得她以前很单纯，不会担心那么多，但是现在，我有点看不懂她。以前我为她做一些保证后，她不会再多想，但现在即便我一再保证，她还会有第二种、第三种、第四种担心。

西西：应该是我们的关系变化导致的。之前我们在谈恋爱的状态中，他对我特别好，但是我们现在即将步入婚姻了。我听说，结婚后，丈夫就没那么在乎妻子了，而且两个人还会面对许多的现实问题，比如需要我照顾家，需要我照顾他，还需要我和婆婆相处。

婆婆一直单身，将来会和我们住在一起。有太多的事了，我觉得自己没办法应对。

子木先生：我们逐一讨论一下。西西刚才提到了，担心自己在婆媳相处中遇到麻烦？

西西、东东：是。

子木先生：假如说，结婚以后，西西和东东妈妈出现了矛盾，东东做点什么，会让西西有安心的感觉，让她觉得婚姻是可靠的、舒服的？

西西：我希望他能站在我这边，给我一些支持。我感觉自己会有这样的担心，主要是怕自己对新环境不适应。他们彼此熟悉，但我和他妈妈不熟，我希望，如果我们真的产生矛盾，他能站在我这边。

东东：我觉得我们需要统一一些认知。这样吧，第一，不管你们之间是否真会产生矛盾，我对双方的爱都不会变，这一点是我的承诺；第二，只要你做得有道理，我会站在你这边。

西西：我还是有一种被敷衍的感觉。我希望他真的能陪我一起面对那些让我担心的事，而不只是嘴上说说。

子木先生：东东可以给出一些具体的解决办法吗？

东东：那我就说一些办法。第一，其实我很相信她们，就我对她们的了解，她们之间不会产生那么多矛盾，我对她们能相处好是有把握的；第二，如果实在很糟，有个简单的办法，就是可以适当分开，我会把我妈安置好，而我俩过小家庭的日子。

子木先生：东东现在的回应让西西的感受和以往有什么不同吗？

西西：嗯，我没想到他说可以和妈妈分开，因为他一直和妈妈一起住。他这样说，我突然觉得心里感到了一些安慰，至少有了一个解决问题的方向吧。另外，我还担心自己照顾不了他，我从小没照顾过别人，生活能力不强。

子木先生：你打算照顾的是东东，我们来听听东东怎么说好吗？东东有没有这样的担心呢？

东东：我觉得自己根本没有这样的担心。从个人的角度讲，我可能更担心婚姻这种固定的关系会让我受束缚。

子木先生：所以现在你们的状况是，西西想照顾东东，但又担心自己会做不好。但是东东并不为此担心，反而担心自己出去玩的时间不够，是这样吗？

东东：其实这些好像不是大问题吧，到时肯定能解决。

西西：但我为这些担心。

子木先生：两个人对婚姻的关注点不同，也许会造成婚后冲突，当然，这些都只是猜测。我们也许可以在婚前先找到这些不同之处，协商一下解决办法。

东东：西西，我希望能得到的，并不是你对我日常起居的照顾，而是你给我一定的自由空间。比如每周给我一天属于自己的时间，让我去踢球。你看可以吗？每天尽早回家是我的底线，你不用担心。

西西：如果这是你真心的想法和承诺，也许我会相信你吧。以往我和你说这些担心时，你总是告诉我不会，但是你从没说过到底为什么不会，在什么情况下不会，所以我才会反复地胡思乱想。刚才你说了，也许可以和妈妈分开住，每周要给你一天踢球的时间。像这样的事你都告诉我，我心里会踏实一点儿。

子木先生：虽然将来的问题依然有不确定性，我们现在的推测不一定准确，但尝试把不确定的事确定下来的过程是否会让人觉得安心一些？

西西：是的，我现在的担心好像少了一点儿。感觉不是因为东东的那些承诺，而是因为他愿意和我沟通了，知道他能和我共同面对那些让我担心的事，我心里踏实多了。

重构你的婚姻故事

Q1：步入婚姻后的自己和结婚之前的自己,是截然分开的吗?这两个时期的自己处于两种完全不同的状态中,还是步入婚姻之后的自己只是现在的自己的延续?

Q2：如果婚姻只会让你的一小部分发生改变,你的很大一部分还保留着原来的样子,那么你愿意让自己发生哪些改变?

Q3：针对婚后可能变化的部分,你会和他/她一起讨论,并把规则和细节具体化吗?

No.2
如何平衡"我们"与"我"的关系
——好的婚姻不会让人失去心灵的自由

西西 | 最近我一直在想一个问题，
如果再让我选择一次的话，我还会那么早结婚吗？
马上就要告别二字头的年龄了，我突然意识到，
恋爱以后的日子都不是属于我自己的。
20 岁那年就和他在一起了，23 岁大学毕业后就结婚了。
从那以后，我就很少有完全属于自己的时间了，很多事都给耽误了。

我的一个好朋友现在还是单身，已经是名副其实的单身贵族了。
有自己的房子，开着自己的小车——关键这些都是她自己的！
她的经历比我丰富得多，谈过的男朋友是我的 N 倍。
我自嘲地想，毕竟我拥有稳定的爱情。
可是，东东还爱我吗？

在婚姻生活中，
我习惯从"我们"的角度出发思考问题，
眼睛里只有他。
我有时想，和那些没有结婚的同龄女朋友比起来，
我错过了多少体验时代特征和快乐的机会啊！
90 后的生活经历里有泡吧、网恋、独自背包旅行……
我的生活却与这些毫无关系。

真想试试和现在不一样的生活。
如果辞去工作，在家做 soho（自由职业者），
又会怎么样？
但是我的想法遭到了他的极力反对。
他的理由是我们要供房、供车，收入得保持稳定，
他对我内心的变化没有一点察觉。
其实，我只想营建温馨的家庭氛围，
与东东分享更多的快乐，
没想到他是这样的态度！
现在的我，真的开始有点不甘心了。

东东 | 都说三十而立，
但如果一个男人 24 岁就结了婚，那么他就得更早"立"起来。
那时候，我觉得我能保护她、爱护她，可以承担一切责任。
年轻的人，多么无畏啊！
承担责任是一件很累的事，是要付出代价的。
现在想想，如果当时没有结婚，那到现在我可能还是一个人。

好在最难的时候都过去了，
刚结婚那会儿我们很穷，但她很快乐。
我对自己说，一定要让她过上好日子，让她永远快乐。
我拼命工作，要给我们买房子、买车，
如果有了孩子，我还得为孩子考虑很多。
生活真是辛苦啊！
上大学的时候我是个热爱运动的人，
现在唯一坚持下来的，也就是游泳了。
刚结婚时，我有空陪她，
这几年腻在一起的时候少了。
我通常都要加班，
回家的时候她已经睡着了。
有时她等着我，想跟我聊聊天，
可是我很累、很烦，也就懒得哄她了。

我对自己说，就这几年，过去了就好了，
我们都得忍着点，坚持一下。
她很少站在理性的角度考虑问题，
我得把握家的大方向。
再说了，不管结婚早晚，
迟早都得承担家庭和社会的责任，
这是我们无法推卸的呀！

| 子木先生 |

其实，西西的话里隐含着一种哲学，得多少就会失多少，不得不失，得的多失的多。西西的内在思维从"我们"跳到"我"是有意义的，思索自我价值是心灵成长的起跑线。人并不会因为有衣穿、有饭吃、有房子住、有老公护着就满足。人有很多欲求和虚幻的想象，大多数人的欲求甚至明显自相矛盾，但这些想入非非的东西正是精神得以栖身于现实的润滑剂。西西对婚姻的感悟非常自然，也符合人性，好的婚姻应该帮助人扩展在社会中的生存能力，增加人对社会的兴趣与欲求。糟糕的婚姻逼迫人失去心灵的自由，会让人像蜗牛一样缩进壳里。

东东的说法似乎更得人心，让人以为他是个踏踏实实过日子的人。其实不然，这样的生活打着他的个性烙印。东东可能把婚姻内化为自我，婚姻物欲的实现是他自我实现的现实途径，为此他才会痴迷于工作而忽略对妻子的关心。遗憾的是，获得的物质越多，精神的欲求就越少，而爱情是需要精神欲求的。

| 子木夫人 |

我不反对先生你那么关注婚姻中不协调的东西，因为你一直喜欢把冲突看成更新的动力。我也承认人性中有许多自相矛盾的地方，

我们在动荡的时候渴求安稳，在安稳的时候渴求变化，在变化的时候又渴求回归，周而复始，不得而终。

我关注到的是，西西不甘心的背后是一种"未完成"的情结。我们要在生命中体验冒险、失恋、挫败、不确定、不可知、创伤感、愤怒、悲伤以及绝望，这些东西是生命的元素或者基石，满足感、完美感、幸福感只是飘浮在这些元素上面的东西，它们的上升和坠落可以勾画出生活美丽的弧线，就像坐过山车时，从坠落的恐惧到平稳的惊喜，会让我们产生"活着真好"的完美体验一样。所以，西西的感受依旧源于她想在婚姻中创造更高层次的快乐。

另外，两人在交流时似乎不在一个层面上。西西在感觉与精神层面上，东东却在现实与物质层面上。哪个层面更重要呢？我觉得都很重要。如果东东不那么现实，西西也不会那么感性。东东越发展他的现实原则，西西越会迷失于精神欲求中。

现实原则和精神欲求相辅相成，就会构成一种平衡状态，而平衡就是婚姻的活力。人的内心常常有不可交流性，每个人的内心世界都像一个魔幻世界一样，有自己独特的规则，别人无法理解。体会到交流和理解具有一定程度的不可能性，也是人在婚姻中成长的必经之路。

一起聊聊

西西：我想辞职在家，但东东不同意，跟我说了许多理由，这让我心里很不舒服。

子木先生：东东是怎么想的？

东东：我觉得我们眼下的生活挺好的，身边每个家庭都是这么过的。但她好像回到了小女孩的状态中，这在我看来有点幼稚。每个人都有风花雪月的想法，但是现实生活该怎么过还得怎么过。我们现在正处于打拼期，欲望和能力之间是有落差的，都是成年人，房子、车子、孩子不都是现实问题吗？不能总活在童话里。

西西：结婚这么多年，我处处为他考虑，很少为自己着想。现在我想为自己做一个决定，过一种不一样的日子。但是刚一提出来，他就反对，我觉得我之前所有的付出太不值了。

子木先生：听起来东东还是以前的东东，但西西好像有了一些新想法？你在哪一刻有了这些想法？

西西：最近和一个好友聊天，她跟我一样大，一直单身。她说单身生活非常快乐，凭自己的能力可以过得很好。她到处玩，交不同的男友。跟她一比，我觉得自己的生活太枯燥了。

子木先生：或许一个内心真正快乐的人，不太会刻意地强调自己过得多快乐，快乐也许只是她生活中的一部分，西西，你会怎么想？

西西：这……不管怎样，她呈现给我的快乐的一面，是我没有过的，我很羡慕。之前我会安慰自己，我有稳定的爱情、有爱自己的老公，但是，就眼前我想辞职在家这件事来说，他的拒绝让我觉得他并不那么爱我。

子木先生：如果西西提出要辞职，东东同意了，就证明他爱你，是这样吗？

西西：至少我会认为他在用他的态度对我表达爱。其实我最不满的是，他没感觉到我心里的变化，不理解我，不认为我的变化是合情合理的，只会指责我不现实，过于理想化。

东东：其实我很理解她，因为我之前也是这样的。我以前爱好广泛，喜欢呼朋唤友，爱好各种运动，过得很丰富。但是，在现实面前，我放弃了很多。

子木先生：假如，现在生活中发生了一个变化，让你能够说"好的，西西，你可以去追求你想要的"，你感觉这个变化会是什么？

东东：也许中了彩票？没有那么大的物质压力、现实压力的时候吧。其实我的出发点也是为了这个家好，是希望给她幸福，总不能让她连个稳定的房子都没有吧，那还谈什么幸福。

西西：对啊！所以我们要还房贷、为孩子做准备，日后有了孩子要把他养大……在他的规划里，我们的生活一直都会是这样的！

子木先生：生活真的会一直是这样的吗？

东东：我不知道，要看物质方面的发展情况。

子木先生：现在西西特别想做她自己，同时需要得到东东的理解，要怎么达成呢？

东东：其实我并不反对她做自由职业，而是不知道她到底想做哪种自由职业。是不是准备好了？考虑周全了吗？如果她能为自己找到一种更好的生活方式，我又有什么理由阻拦呢？

西西：他总把现实的事和我的梦想扯到一起！包括他之前说到的家里的一些方向和决定都和现实挂钩，所以这次我才不想那么现实，才想去做自己想做的事。至于具体做什么，我还没完全想好。

东东：现在一听到她说话，我就觉得有点累。一开始我还愿意听听、哄哄，后来我就烦了。难道她就没看到我心里也有对自由的向往吗？

子木先生：听起来，西西想要的生活似乎也是东东想要的。这是你们的矛盾还是可能存在的共识呢？

东东、西西：……（沉默思考中）

东东：其实我偶尔也会这样想。但是我们都辞职了，就没有了固定收入，我们的生活会面临更大的压力。

西西：辞职只是追求理想的一种方式罢了，但即便这只是一种方式，他也没同意。我多希望他能像以前一样，哄哄我，告诉我他会无条件地支持我。但是他现在的态度，让我觉得我的任何想法都不值一提。

东东：我觉得很委屈。她的变化或者诉求，我其实能体会到，但是我觉得不现实，我如果说出违背自己想法的话，会觉得自己有点虚假。

子木先生：如果说西西只是希望通过一个想法来表达一下她自己，让自己觉得舒服一点，东东愿不愿意支持她呢？

东东：哦，如果只是一个想法，不牵扯到现实问题，我当然希望她开心。而且我想强调一下，如果现实真有比较大的改变，给她自由反而是我的目标。我也希望她变成自己想要的样子，只不过我现在没能力帮她实现。

西西：其实我只是想跟他分享一些内心感受，而不是事事都要落到现实中。有时我不想活在现实里，他却要时时刻刻活在现实里，还要拽上我。

子木先生：所以西西，当你在自己的感觉中活着，而东东在现实中活着时，你如何让东东知道，有些想法仅停留在你的脑中，并不会在现实中实现？换句话说，你的哪些表现，能让他明白你需要和他认真谈谈，把事情落实一下？你能让东东准确地接收这些信息吗？

西西：这个……（沉思中）我没考虑过。

子木先生：你现在可以想想，用什么方式可能会让他接收到你头脑中的信息？

西西：我觉得在现在这样平心静气的沟通中，我就会告诉他我的真实想法，也能更了解他支持或反对我的理由。他以前总区分不出我什么时候只是和他分享一下想法，只是求安慰，我什么时候是当真的，是必须要做某件事的。其实做 soho 一族，只是一个初步想法而已，遭到他的极力反对后，我会认为这件事很糟。

子木先生：东东听西西这样讲后，有没有更了解她的做事风格或者想问题的方式？

东东：我受到了一些触动。也许是自己和她沟通得不够。我那么关注现实，也是想让她早一点享受自由，但是我没把这个信息清晰地传递给她。而她和我说要辞职，或许只是想法，我却当真了。感觉我们的一些想法其实是一样的。

子木先生：西西想要回应东东的表白吗？

西西：我突然觉得自己的某些想法也给他造成了一些不安。

重构你的婚姻故事

Q1： 假如当下的生活发生了一个变化，让你能够对他 / 她说"好的，你可以随心所欲地追求自己想要的东西"，你感觉这个变化是什么？

Q2： 当他 / 她提出一个新想法时，你觉得这可能会成为你们之间的矛盾还是你们之间潜在的共识？

Q3： 当你活在自己的感觉层面或现实层面，而他 / 她与你处于不同层面中时，你如何让他 / 她准确地接收你的信息，并了解到你们之间的不同？

No.3
纪念日必须有惊喜吗
——一起体验期待中的欢喜也是浪漫

西西 | 在灰黑冬衣的世界里，
一捧鲜艳的玫瑰在地铁里绚丽地怒放，
我的心随着车厢一块晃动，忽然觉得很感动。
今天是我们结婚四周年的纪念日，这样美的花，
是多么美好的兆头呀！

可这样的美好没发生在我身上，
一出地铁站，就看到他哆哆嗦嗦站在风里，
手里拎着个装满了书的大塑料袋，
我很奇怪他今天买这么多书干吗，
拿这么沉的东西还怎么去逛街啊？

他还挺委屈，说，这不是你突然决定要去逛街的吗，
当时我正在我们单位楼下的书店里看书呢，
一听说吃饭前你还想逛街，我就赶紧过来了，
我怕自己迟到，还多等了你十几分钟呢！

那袋书那么重，
我们拎着它，就根本不可能还有逛街的体力了。
我就想不明白，他这人怎么回事，
就不会把书放在楼上办公室里再过来约会吗?！
不能逛街，只好直接去吃饭，结果吃那顿饭时的情绪也极差。
最近工作得累死了，好不容易到了周末加纪念日，
结果连街都逛不成，就因为他买了一袋子莫名其妙的书！

回家后，不知道什么时候他出去了一趟，
回来时手里举着支双球的哈根达斯。
他说刚才到超市买电池，看到有我最爱吃的巧克力双色球。
我告诉我自己：要很高兴地接过那支哈根达斯，
可是我实在做不到。
这么冷的天还吃冰激凌？我需要一件新外套！

婚姻的真相

东东 | 其实,她痛恨的那袋子书,
几乎全是为她买的。
我的单位远在郊外,
所以我特意早点下班,就怕误了吃饭的时间。

趁等车的时间,
我拐进旁边的书店,
结果发现了很多她需要的书。
她最近在工作上遇到了瓶颈,这些书对她极合适。
挑书的时候她打来电话,
说想逛街,要早点见。
我赶紧打车过去。
天太冷了,
让她在地铁口等我不如我等她。
其实,今天是我们的结婚纪念日,
我很想早点见到她。
可是她还抱怨,问我来那么早干吗?
而这些可怜的书成了罪魁祸首,
她一肚子气,连看都没看一眼。

回家之后,
我专门到楼下的超市买哈根达斯,想哄她高兴,
可她夺过冰激凌扔在冰箱里,
忽然哭了起来,委屈得不得了。

我真是不明白,她到底想要什么?
我觉得我们很幸福,但她好像总不高兴。
这又是为什么?
如果今天她看到我做的一切,
不知道还会不会这么生气?

| 子木先生 |

读他们的故事真正激发了我对他们的同情心，东东和西西共同生活了四年，仍旧不能理解对方，不能预见对方的行为，不能感知对方的心理需求。送什么礼物是代表一种自我价值观的，在那么重要的日子里，两个人都在按照自己的内心轨迹期待着，结果当然是失望的。当然，很多机会就在东东手里，他本可以把结婚纪念日搞得不同凡响，可是他搞砸了。

哪些地方让我觉得这个男人做得有所欠缺呢？

第一，即便替西西买书，是想让对方有意外之喜，也不能因此忽视西西期待中的欢喜。没有期待中的快乐，就不会有意外的惊喜，因为那样的话，意外之喜只能跌为对缺失的补偿。

第二，东东有很多时间可以解释，让对方知道他的用心，可是他选择了缄默。他是在潜意识中希望西西犯错或感到内疚吗？这从表面上看，他的做法是一种大度的体现，其实，他是在无意识地通过委屈自己来破坏对方的情绪，这是隐藏在和谐关系中的不和谐。东东不能理解西西为什么没有幸福感，为什么不高兴，只能代表他们之间缺少必要的共情。

第三，东东说，书都是给西西买的，这句话只有部分是对的。尽管在结婚纪念日里，东东买书是因为对方需要，但这个行为的一半也满足了自己的价值需要。

如果东东看到西西的失落后，立即去买一大束鲜红的玫瑰，表达自己的歉意，然后把书寄存在花店，事情可能会有很大的转机。等事后再告诉西西，书是为她买的，能不让西西感动吗？买一支双色冰激凌，还要说是顺便买的，东东真的那么怕让西西知道自己的用心吗？总掩藏自己的真心实意能让对方高兴吗？

当然，西西也让我很纳闷。和东东结婚是她自己的选择，当初也许西西看上他，就是因为他踏实、稳重、不会花言巧语，跟着他会很有安全感。现在西西又希望一个诚实本分的男人巧舌、有创造力与懂浪漫。对这样的丈夫要有预见性，如果你觉得结婚纪念日的玫瑰是必不可少的，最好提前给他一个礼物单，让他有个准备。

| 子木夫人 |

不！我一点都不同意子木先生说的。现实与浪漫是相辅相成的，没有东东的现实，西西也发展不了她的浪漫情怀。如果东东是爱幻想的人，西西就很有可能反过来扮演现实者。其实，东东、西西的婚姻让我感动，我们能从他们身上看到婚姻的魅力，看到两个人在面对差异时都有充分的容忍与善意。西西对爱的表达是通过抱怨实现的。她心疼在寒风中哆哆嗦嗦的丈夫，抱怨他不该早来；心疼他手提那么重的书，放弃了购物计划。东东受到妻子的抱怨时，为了不让妻子尴尬、难过，以忍受冤屈的方式化解对方的不愉快。尽管

他没有成功，但他的动机绝对是纯正的。真实的婚姻多少都有些幼稚、简单和愚蠢，在别人眼里不平等、不理性的东西，在婚姻中的两个人眼里很可能就是周瑜打黄盖，打的愿打，挨的愿挨。

在婚姻里，不能追求过多的一致性，如果东东真的像西西希望的那么想、那么行动，不一定对他们的婚姻有益。婚姻里有一种潜在的竞争，就是大家都希望改变自己所爱的人。这种潜意识竞争让婚姻变得生动、好玩。有一天谁把对方改造成功，婚姻就没有什么趣味性了，爱情可能就成了一种亲情。爱意味着一种征服、一种侵犯，如果完成了，爱就容易成为追忆。相爱的双方还是保持一些精神、生活、兴趣、价值观方面的差异为好。

其实，换一个角度看，他们两人在婚姻中的交流还是顺畅的。子木先生说他们在和谐中有不和谐，而我的看法恰好是他们在不和谐中有和谐。这对夫妻似乎还处在事业发展的初期，他们不富裕。如果一切依西西的，东东再煽情鼓动，没准花钱买了一大捧漂亮的玫瑰后，两人一疯，购物时就会不知道天高地厚。我们可以认为，西西之所以不愉快，是因为她自己约束了自己的幻想，东东只是她的替罪羊。要不然，西西不会那么轻易放弃自己的计划。她完全可以坚持自己的想法，让东东去买玫瑰，自己去寄存书，这样的话，一切都可以按计划走。节俭也许是他俩共同的愿望，西西的内心也是现实的，她的不快也许只是对当前状态的不满。说真的，不那么渴望在特定节日里讨好自己的人，随时都可以满足自己的一些欲望。

一起聊聊

西西：我生气的原因是，结婚纪念日是个特别的日子，我希望可以像别的女孩一样感受到来自东东的体贴和浪漫，但他总是特别现实。我们并没有大矛盾，只是婚姻始终太平淡了。

子木先生：东东一直是这么现实的人？从恋爱到现在从没浪漫过？

西西：我实在想不起他什么时候浪漫过。不仅结婚纪念日，别的重要日子也这样，不声不响地就过去了。

东东：有时我也会送花之类的礼物啊，只是那天刚好选了书。她这样抱怨，我心里也很不舒服，觉得她不像以前那样单纯了。她以前很容易满足的。

子木先生：你们刚谈恋爱时，是被对方的什么吸引的？

东东：她简单、单纯。

西西：他老实、踏实，让我有安全感。

子木先生：今天的西西会因为东东送的一件礼物生气，这是不是一种单纯的表现呢？

东东：从这个角度理解的话，是的。

子木先生：西西，你在期待一个平时很现实、不知何为浪漫的东东，突然在某一天制造一个让你感动的浪漫场景吗？

西西：我明白您的意思。他性格就是这样的，我也不能有太高的期望，所以我只是在一些特别的日子里，希望他可以适当做些浪漫的举动，表达一下对我的关注。但即便是这样的要求，他也做不到。

东东：我也知道女孩都喜欢浪漫，但我真的不知道怎样算浪漫。

子木先生：我们现在可以探讨一下，明年的五周年结婚纪念日，你们希望怎样度过？有哪些计划？假如，明年的结婚纪念日过得很好，很开心，你们觉得是哪些改变带来的？

西西：我肯定不希望不愉快。唉，我实在想不出他会做出什么改变。我想，最有可能的是我对他不抱希望，放弃了要求，只能说服自己接受他的性格吧。其实我已经很努力地说服自己了。

东东：我想不出太浪漫的事，缺乏制造浪漫和感动的能力真是我的短板。也许明年我们会共进烛光晚餐，一起看露天电影，我会送她玫瑰花？这三样听上去还可以吧？

子木先生：如果两人能提前更好地交流，比如探讨一下西西期盼的浪漫大概是什么样子，确认东东已心领神会，并且根据这种期望来制订计划，这样的纪念日是否会更让人期待和愉快呢？

东东：我认为可以。如果西西直接把想法告诉我，我一定不打折扣地执行。但她又不说，要靠我猜。

西西：我觉得浪漫一定要有意外惊喜的成分才行。如果我把想法都说出来,他即便照做了,比今年表现得好一些,我也还会有遗憾,感觉他并非心甘情愿地为我做什么,而是被迫完成了我的要求。

东东:你说我是被迫的,让我觉得有点受伤。我的出发点是爱,如果能够按照你的心意度过纪念日,让你满意,我会觉得有成就感。你快乐,所以我快乐。

西西:我觉得我们之间应该是平等的,我不想让你单纯地觉得要"为我"过节日。这是"我们"的节日。你总是缺少主动性,没有热情,让我感觉也许你并不看重这样有意义的日子。

子木先生:西西说婚姻中的两个人是平等的,那么在特别的日子里,如果东东有必要为婚姻创造一份惊喜和感动,那西西有没有同样的责任呢?

西西:……(沉默中)我没有想过。我所见所知的是,在结婚纪念日里,丈夫有义务给妻子惊喜和感动。我自己也这样认为。您这个问题让我意识到,我可能做得也比较少。

东东:我觉得这是一个好问题!类似于对等原则。西西老是指责我没给她浪漫,可是她也没给我浪漫啊,这么多年了,为什么总要我制造浪漫,她为什么不?她既然比我懂,可以搞一次给我看看,示范一下嘛!

子木先生:假如西西打算给东东制造些惊喜,会怎么做呢?

西西:您这样问我,我一下子也说不上来。也许,我会仔细想想他喜欢什么……当然,也许会用最直接的方式,问问他的需要吧。

这样换位一想，我好像明白自己之前给他的压力有多大了。也许两个人提前把细节敲定下来，会少一些误解。不过，话虽这么说，我心里还是有遗憾的。

东东：在我听来，西西的遗憾是对我失望。我真实的想法是，最浪漫的事就是两个人在一起，能静静地陪着对方。西西想做什么，我陪她，就已经非常浪漫了。当然，这可能和她的想法有点不同，她希望我制造惊喜，但是在我的理解中，度过纪念日的方式就是我们一起愉快地完成商量好的事。

子木先生：这样的告白似乎听上去也很浪漫。如果两个人平时生活得比较平顺，就会偶尔希望在特别的日子里有一点小冲突。这种小冲突之后，反而可能是很亲密的时刻，你们会有类似体会吗？

东东：嗯，那倒是。今年她这么一生气，我就要认真地想想她的心愿了。

西西：他看我生气，会小心地哄我开心，虽然显得笨笨的，但想一想还是挺温暖的。其实他平时对我真的不错。我不满意的就是婚姻太平淡了，没有感动。不过，怎么制造感动，也许是需要我们两个共同思考的吧。

子木先生：在婚姻中，相爱的双方可能会无意识地强化自己当初吸引对方的特点，比如东东的朴实，西西的单纯。当东东越来关注自己身上的朴实时，就有可能忽略了浪漫，好像在证明自己是专一不变的。所以假如从今天开始，我们试着帮对方把身上的另一种品质挖掘出来，比如，如果西西常对东东说"我发现你还是有浪漫一面的"，可能会发生什么呢？

东东：哈哈，很好的建议。西西要先种下浪漫的种子，不能不劳而获。

西西：也就是说在 365 天中，我应该用 364 天来培养浪漫，然后在最后一天收获？是这个意思吗？用"不劳而获"形容我以前的想法似乎有点道理，我们都不要这样。善解人意是互相的，所以东东也不要指望我突然理解你的不浪漫哦，我也需要被培养。

重构你的婚姻故事

Q1：如果你和他/她共同担负起在特别的日子里制造感动的责任，一起商量、想办法，你们的这段特别的时光是否会过得更美好？

Q2：经历了一次让彼此不够满意的纪念日活动后，设想一下，通过做出哪些改变，可以使彼此在下一次活动中更愉快？

Q3：假如从此刻开始，你常常向他/她暗示，他/她"有"自己不曾展现出来的好品质，他/她是否有可能做出一些改变？

No.4
对方为什么总在我们交流时无理取闹
—— 两个人需要在亲密互动中彼此认同

西西 | 我最恨的就是，不论我们生了多大的气，
他都能说一声："睡觉！"
然后不出 10 秒，他的呼噜声就会响起来。
这时候我就会气得要死，
他居然能在这种坏情绪中睡着？

书上说，如果你要与丈夫谈一件事情，
一定不要说"我想和你谈谈"，
而是先说点其他的事情，
这样他才可以接受。
我照着书里的方法对他试过，
可实际效果太差了。

跟他开玩笑可以，
但一介入我要说的话题，
他就不吭声。
他越这样，我越想知道他到底是怎么想的。
为此我还做过好多努力，
可是都不行。

他为什么这样？
怎么有事儿不说清楚呢？
一说到正题就逃避、敷衍！
我觉得根本不能和他深谈一些问题，
也许人就是这样吧，
对不明确的事情缺乏安全感。
可是，
两个人之间的交流不该是坦率的吗？

东东 | 让我最无奈的就是不知道她什么时候是在开玩笑,
什么时候是认真的,
这让我无所适从。
本来一开始,说得挺高兴的,
但她突然就会抓住我的哪句话,一下子翻脸,
这让我特别沮丧。
时间长了,我也就学会了含混过去最好。

最让我哭笑不得的是,
她会把小说和电视里发生的事情往我身上安,
经常问我一些莫名其妙的问题。
比如那天,她看到一个电视剧里的女主角家世、背景、长相都非常好,
剧中的两个男主角为了她争来争去,
就问我:"是不是男的都喜欢这样的女的呀?"
我顺嘴回了句:"应该是吧。"
她就开玩笑说我公司里有个女孩长得很像那个女主角,
肯定喜欢我。
我说,还真的有点像。
这下可糟了,她突然就生气了。

看她火了,我就想着赶紧让这事过去吧,
睡一觉就好啦,这是个什么事嘛!
她可倒好,像个小孩子在"闹觉",
偏偏不睡,把我推来推去的,非要跟我谈谈。
那就谈吧,可她又不说话了,
满脸委屈,好像我真做了什么坏事一样!

这还让我们以后有什么可聊的,
和她说话的禁忌也太多了,
而且这些禁忌都是她单方面规定的,并且永远在变化着!
唉,真不知道她的脑子里整天都会闪过些什么念头。

| 子木先生 |

  两个人的婚姻是一种双人舞蹈，和谐的方式有很多。一种是两个人舞步相同，姿态相似，夫妻同心，跳得像一个人似的，但这不是婚姻的最高境界。因为这样的舞蹈在跳的时候不能随心所欲、即兴发挥，你必须遵守规则，在细节上亦步亦趋，不能松懈。这种舞蹈跳起来可能好看，也容易得到别人的欣赏和赞同，但跳舞的时候不是全身心地享受，而是表演。另一种是夫妻舞步可以不同，姿态可以不一，但节奏一致，舞蹈呈现着内在的和谐。跳舞的人根据自己对婚姻的理解，身随心起，步随意发，跳到高潮时，两人的舞姿高低相错，刚柔相济，相得益彰。初看时，会以为夫妻配合失当，仔细琢磨才知道，这样的相互配合才是婚姻的最高境界。

  大多数女孩都希望自己所爱的人慢慢地变得和自己相似，大多数男孩更愿意和相爱的人保持合拍。为了各自的目的，婚姻中的一次情绪、一句话或一个小细节所引发的争执，其实都能帮助我们在婚姻中修炼彼此，我让你得道，你让我成仙。

  从本质上说，西西的情绪化是一种"小性子"，但个中意义是深远的，绝不能以对错来论。东东需要把这一段时间的事都想一想，考虑一下自己是否在言语上对西西有些怠慢？情绪具有蓄积后会在忍耐中爆发的特点。夫妻间感情用事必定是以一些生活事件为铺垫的，对于西西的"无理取闹"，东东难逃干系。

根据舞蹈的理论，东东也许有两种应对方法：一是与她相似，也表现出情绪化，和西西认认真真地对话，澄清事情，表达观点，协助西西发泄心中不满；二是与她配合，西西越胡搅蛮缠，东东越宽容耐心，万般柔情把对方的哀怨化于无形。对争论的回避应该归属在哪类应对方法中，要看具体的效果。回避争论如果能让双方都平静下来，则会让彼此互补；如果反而将冲突放大，就会让彼此相似，因为回避的实质是对抗。当然，不排除对争论的回避是一种胆怯，是潜意识里对自己没有信心，不相信自己能掌控大局。对男人来说，回避背后的另一种心态是怕麻烦，不愿对妻子的情绪负责。正如在舞池里，拒绝邀舞会给对方带来沉重的挫败感。

| 子木夫人 |

在男人的内心，他们总需要更大的自由度，他们无意识地以为自己永远是自由的，女人的心思却像一条条绳，慢慢地把心爱的人捆绑起来。我是女人，我理解西西为什么那么懊恼，女人天生对差异敏感，她们渴望从丈夫嘴里听到自己内心的声音。像醉酒一样，好的婚姻中有一种"醉情"，两个人在一起，时空颠倒，疯疯癫癫，西西正处在那种醉情状态中，无奈东东已经"醒酒"了。

大多数比较有智慧的男人骨子里盼望女人不及自己聪慧，在强势心态下，他们更能表现自己的忍让与宽容。他们处理昏头昏脑的女子从来都得心应手。心宽的时候"大肚能容",任你胡闹;心窄的时候,就把你扔在一旁,不理不睬,让你自个儿消化情绪。智慧的男人把清醒的女人看成是危险的,因为她们懂得任何婚姻内的伪装都如同皇帝的新衣,但婚姻里,不"演戏"就没有激情。大多数有点愚钝的男人不喜欢情绪化的女人,因为情绪是带刺的玫瑰,美丽的外衣下暗藏危险。愚钝的男人不懂装傻,他们总是很认真,生怕对方会误解自己的意思。其实,所有交流都是在一环套一环的误解中进行的。

我不喜欢东东的隐忍与退让,因为看得出,他心中对退让不服,他认为与西西的谈话中有许多禁忌,其实禁忌可能产生于东东自己的内心。很多事情要么面对,要么接受,都不会成为禁忌,只有既不能面对又不能接受的事才会成为禁忌。在婚姻中,两个聪明人面对不能化解的矛盾时,会通过调整距离来保持关系,会通过示弱来维系平衡,而两个"笨人"却只能任由矛盾激化而无力挽回,但愿东东和西西都不是笨人。

一起聊聊

西西：东东总是回避我们之间的问题，不和我交流。每次一说到正事，他都不回答、不理睬，我不知道该怎么办是好。

子木先生：东东就是这样的性格，还是只是不想和西西交流呢？

东东：她的话飘忽不定，难以琢磨，比如我有时说了一句话，一个月后，她会忽然翻旧账，我其实挺怕这一点的。而且我也不太分得清她所说的事中，哪些是正经事，哪些不是，界限在哪里，我不知道。所以准确地说，是我不知道怎样适应她，并不存在想或不想和她聊的问题。

子木先生：婚姻中总会发生一些要协商的事，完全不交流似乎不太可能。那么你们平时在生活中，是怎样达成默契的？

西西：有一些事是约定俗成的，不需要太多交流。

东东：遇到真正重要的事，肯定是要商量的。其实她对我不满意、认为我不爱和她交流，更多的是因为那些日常琐事。

子木先生：东东怎样解读自己不愿和西西交流的状态？沉默也是一种无声的交流吧？

东东：如果沉默也算是交流的话，我是在表达一种态度吧。

西西：你的什么态度？我不知道。

东东：……（沉默）

子木先生：如果现在东东的沉默，正在传递一个信息，想想看，它在表达什么？

东东：我不知道她到底想和我聊什么，完全跟不上她的节奏。她聊的话题很多，比如看到电视剧里的女主角，她会把情节套在我身上，当我迎合她时，她却生气了。

西西：我只是觉得他不尊重我。我说一个话题时，如果他认为不重要，就会不理睬我。可能正是那种不理睬的态度让我特别不舒服，而且他还认为我在胡搅蛮缠。我其实不需要他给出一个确定的答案，只希望两人之间有互动，有热热闹闹的交流。

子木先生：假如说，在某一天中，你们两个人都不说话，会是什么样的感觉？

西西：我的第一反应是，不说话挺让人着急的，我大概做不到。估计他会觉得放松了？

东东：我觉得对她影响比较大，对我影响不大。不过她要是真的一天不说话，我可能觉得状况不太寻常。

子木先生：如果两个人都不说话，你们之间还会存在交流吗？

西西：我们也有不说话的时候，但是对我来说，不说话就不能算交流。

子木先生：假设，某一天，你们都失去了语言表达能力和听力，但仍然可以顺畅地交流，甚至觉得挺默契。那会是一种怎样的交流方式？

西西：您这个假设，我还真没想过……我想，可能是动作、眼神，还有一些表情？类似这些吧。

东东：其实老师的假设，倒有点符合我的情况。我的想法是，对西西好的事，我会去做，或者该商量正经事时，我会认真商量。只是有些时候，我觉得她传递出来的信息，量太大，跳跃性太强，而且她的禁忌太多。在老师假设的这个环境中，我该做的事其实一点都没变，我想对西西好的想法也并不见得一定要靠聊天这种方式表达。

西西：假设失去了听觉和语言表达能力，仅能用视觉和感觉跟他交流，您是这个意思吗？

子木先生：是的，在这样的情况下，两人之间的相处会和以前有什么不同？

东东：我的感觉是，两人会更加相依为命，会主动地关注、体会对方。没有了那些恼人的语言，没准反而让我有想要主动沟通的念头。

西西：东东这样说，让我有点意外，我一直以为他并不想和我说话。这样一想，也许是我太过依赖语言了吧。是不是语言这个功能关闭时，我们就必须开发别的沟通方式？我是否会发现，他逃避的只是语言上的交流，并没有逃避心灵上、视觉上的？如果把这些都当成交流的话，我在想东东可能并没有逃避和我的交流，他也许还是在意我的。

东东：这句话说到我心里去了。平时对西西的话回应得比较少，是因为我想减少我们之间的矛盾，我在用我的方式让我们两个好。其实刚才在思考这个问题时，我居然有了新感觉，就是如果西西真不说话，我们的生活也许会缺失很大一块。

子木先生：依照你们平日的经验，在哪些情况下，东东会更愿意主动和西西交流？

西西：我的体会是，需要我在交流中退让一些，把谈话的空间给他。

东东：我之前不愿意回应，是担心一开口就会被纠缠和否定，但是如果有一天，即便不开口，用眼睛和心灵也能彼此感应，那就不同了，交流时的误解会少很多。毕竟谁都愿意在一种被接纳的状态下交流，那是一种舒服、自然的状态。

子木先生：西西心里对东东的态度，和你通过语言表达的态度是一致的吗？追问的背后是什么样的期待？

西西：我想解释的是，虽然自己说话时可能有些蛮不讲理，但其实我只是想撒娇、耍赖，并非真的想指责他什么。在亲朋好友面前，我总是称赞他的，不然才不会天天想黏着他。

东东：以前我不理解西西为什么总说一些莫名其妙的话，现在我似乎有些明白了，可能和她交流不该用理性逻辑，而是该在感性层面和她交流。也许我以前太在意她说话的合理性，自己分析不出来，才会逃避。这样看来，也许是我太依赖对语言的解读了，思想太过单一，才无法看清更全面的她。

子木先生：好像你们这一刻的交流开始顺畅了？如果下次西西发现自己又想和东东用语言交流了，怎样做才能更有效？

西西：也许是让注意力回到自己身上？比如我很想和他说话时，应该告诉自己，这是我的事，不该把注意力全放在他身上，只要不过度地期待和他交流，就不会过度解读他的反应。当然，如果有些事他实在不感兴趣，我也可以去和闺密聊！

重构你的婚姻故事

Q1：假设此刻，你们都失去了语言表达能力和听力，但仍可以顺畅地交流，甚至觉得更默契。那会是一种怎样的交流方式？

Q2：你内心对他/她的态度，和自己通过语言所表达的态度一致吗？内心真正的期待是什么？

Q3：对于双方的交流，你和他/她始终停留在理性分析中，还是可以有更多的可能？

No.5
没做好准备就怀孕了怎么办
——夫妻双方都需要在这一时期获得安慰

西西 | 我把老公关在门外，
冲着门大叫——我不要为你生孩子！
喊叫完这些，我才感到舒服了一点。
怀孕的滋味实在太难受了，
我体质这么好，居然也会吐得一塌糊涂，
而且每天下午四五点到晚上十一点，我都会一直恶心。
老公总是愚蠢地问我哪儿不舒服，
我就是难受，形容不出来。

我怀孕以后，老公就只想着儿子如何喊他爸爸，
丝毫不考虑在那之前，我遭受痛苦的时间多么漫长。
下班回来后，他总是在陪我和上网之间选择后者，
或者设想如何改建婴儿房，在车上加什么样的婴儿座椅，
他想的都是他的孩子，完全忽略了我的存在。

好吧，既然你把我当成空气，我就想办法让你注意到我，
我穿着少得不能再少的衣服在他面前晃，看他怎么办。
他一下子急了，板着脸说我真是疯了，
他说怀了孕也要讲道理，这么不成熟怎么能当妈。
他不关心我，居然还跟我讲道理，
什么样的道理能让我不难受呢？

其实，我很想告诉他：
我不是仗着怀孕就蛮不讲理，折磨他，
妊娠反应不仅是身体上的，还是精神上的。
但他会懂吗？
他其实一点也没有做好当爸爸的准备。

东东 | 听着门里传来的叫声,
我突然没有了再哄她的心情,
让她也冷静一下吧,我太累了。

我知道她有妊娠反应,可她的脾气也太大了。
晚饭时,因为我把菜做咸了,她就把碗扔了,
还哭着说,我毁了她对这个菜一整天的渴望。
好不容易哄得她高兴了,
想着这个晚上可以平安地过去了吧,
她又只穿着薄睡衣在家里跑来跑去。
我刚说了句感冒了怎么办,
她就发疯似的,抓了我一身指甲印,把我推到门外。

老婆怀孕不在我们的计划内,
我们今年刚刚买房,积蓄也只够交首付。
也许,我们还没有做好准备吧。
如果晚一点要孩子,在物质上更宽松一些,
是不是老婆就不会发这么大的脾气了?

老婆平时是个喜欢讲道理的女孩子,
落落大方,不会蛮不讲理。
但怀孕怎么能让一个人发生这么大的变化呢?
乱发脾气也总得有个原因吧。
一个人躺在客厅的沙发上时,我突然对要孩子失去了信心,
这才是个开头,老婆刚怀孕三个月,
以后可怎么办呢?

| 子木先生 |

亲爱的子木夫人，还记得你怀我们约翰时的情景吗？真是喜忧参半！

| 子木夫人 |

当医生说我怀孕后，周身的不适一下变成喜悦，呕吐、发晕、胃疼似乎都变得理所当然。我不断地告诫自己："我是在为那小家伙受苦。"

| 子木先生 |

亲爱的，那个时候你和西西一样，喜欢折磨我，一会儿歇斯底里般地对我大喊大叫，给我无数自相矛盾的指令，让我疲于奔命。一会儿又像个瓷娃娃一般脆弱，什么都不懂了，十分简单、幼稚，让人担心至极。

| 子木夫人 |

不是那样的。那个时候，你突然变得非常愚蠢，好几天都不知

所措，也不知道怎样来安慰我。我一直很"崇拜"你，觉得你很会关心人，但怀孕让我看到，你仍旧还是个以自我为中心的孩子。

| 子木先生 |

我得承认男性对女性怀孕有一种深沉的嫉妒，没有子宫是男性潜意识中最大的缺陷。他们体会不了孕育的快乐，在养育孩子这件事上，他们心中多少有些无用感。所以，看着女性怀孕受罪时，他们内心也有理不清的冲突，他们觉得自己在获得什么，同时也在失去什么。妻子是自己的，妻子怀的孩子也是自己的，这是自己所获得的。但自己生命的一部分存在于"别人"的身体里，自己太太的身体与情感也将更多地属于"那个人"。

怀孕改变了家庭成员在精神上的主从关系，男人暂时"沦为"家里的"仆人"。我理解东东的心情，他受不了西西大哭大闹，是因为他本身也处在一个脆弱的阶段，他的心灵也需要抚慰。

| 子木夫人 |

女性会"癫狂"和她们体内激素的变化多少有些关系，当然，也有心理的原因，那个小家伙也算是"外来异物"，在她们心中，接受与排斥总是同时存在的。女性愿意为自己深爱的人生孩子，是因

为在潜意识里，她们想通过孕育复制一个自己所爱的人，而这个人终生都属于自己。

怀孕的确是女性体现自己生理优势的时刻。怀孕时女性会有些神经质，有些以自我为中心，她们的情绪也基本不会来源于什么大不了的事。一些男人有很强的控制欲和优势感，他们的妻子似乎只在怀孕的时候，才能找补回一些东西。

西西的情绪发泄只能说明她的情绪中有一种潜抑倾向，"喜欢讲道理、不娇气不做作、落落大方"的她，需要有个时机让自己得到心理平衡，宣泄情绪不过是西西在偿还情绪债而已。

一起聊聊

西西：东东总是问我哪儿不舒服，但我也说不清楚到底哪儿不舒服，反正就是感觉难受。本来这就是一个孕妇的正常反应，但在他眼里，我就是无理取闹！

子木先生：东东能够完全理解西西怀孕后的感受吗？

东东：完全理解，肯定是有难度的。也许她比我以为的更不舒服？我说不准。怀孕其实是个意外，不在我们的计划内，我们都没有经验，也没有足够的心理准备，有些慌乱。

子木先生：在东东并不能完全理解自己感受的前提下，西西希望他如何回应自己的情绪表达？

西西：我觉得他应该多关注我的感受，问问我需要他怎么做，而不是自以为是，只顾关注孩子。

东东：她自己都描述不清，我能怎么办？她几乎不给我明确的指令，只是一味地责怪我。我本来也想体贴她，但是我做什么好像都会刺激到她，慢慢地，也就不太愿意做了。

子木先生：东东感觉到的"被责怪"，可以理解为西西对你的一种需要吗？

东东：可能是我的理解不到位吧。每次听到她带着情绪和我说话，我就体会不出背后的意思了。现在想想，也许是因为她第一次当妈妈，比我紧张得多？

子木先生：假如东东特别理解西西，知道西西怀孕后很不容易，每次西西提出需求时，东东都会及时回应，西西不舒服的感觉会减轻吗？

西西：东东是我最亲密的人，又是孩子的爸爸，如果他能理解我、体谅我，真的能按我期待中的样子做，那我肯定会舒服很多。我现在的不舒服，有一半源于他的态度。虽然我的闺密也告诉我，男人几乎都是这样的，没有做得特别到位的，但这种感觉还是让我很不舒服。

子木先生：如果东东的理解会让西西感觉好一些，那么这种好会具体体现在哪些方面？

西西：如果他总能让我心情好，估计我的身体就不会那么难受，妊娠反应也会没那么大。但是他做不到，现在他只关心孩子，注意力根本不在我身上。

子木先生：西西觉得孩子是你的一部分吗？

西西：肯定是我的一部分啊。

子木先生：那么东东关注孩子，为孩子做准备工作的时候，是否也等于在关照你呢？

西西：这……照理说是这样的。但是因为刚刚怀孕，恶心、呕吐这些反应让我很难受，我还没有完全适应孩子是我的一部分。虽然孩子不是外人，但是我还是很难接受东东把全部注意力都放在孩子身上。不过我会记得您今天说的话，反思一下孩子与我的关系。孩子日后会越来越大，我们相处得会越来越久，我估计我和孩子会慢慢地产生融合感、一体感，但是现在还没有，我感觉自己在孤军奋战。

子木先生：由于孩子的到来，你们的家庭角色会发生一些变化。东东现在不仅仅是一位丈夫，还是一位准爸爸。东东准备如何帮助西西度过眼下的困难期呢？

东东：我其实也不知道该怎么办。如果以前多想想怀孕后可能遇到的困难，做好充分的准备，现在的情况也许会好一些吧。

子木先生：东东觉得需要做好哪些准备，才能更好地应对眼前的变化？

东东：比如，如果更有钱一些，我们也许能请个有经验的保姆来帮忙，可以向她学习一些育儿知识，就不至于像现在这样慌乱了。当然最重要的是稳定的心态，即便出现各种意想不到的情况，也能很好地处理吧。不过，话说回来，虽然还没做好充分的准备，但我觉得自己也能接受这件事，毕竟成家之后，大多数人都会走这一步。不过西西可是孩子的妈妈啊，她似乎比我准备得还不足。

子木先生：假如东东已经做好了充分的准备，那么西西出现情绪波动时，东东会怎么做？

东东：我之前认为自己就像个出气筒一样，她自己难受便迁怒于我。我心里有了不满，才让自己少出现在她面前，尽量躲远点儿。但是今天谈到这儿，我忽然觉得自己的某些想法也许可以调整一下，是否应该更主动地安抚她的情绪，而不是回避。

子木先生：从某种意义上说，西西出现情绪化状态时，是否就像个孩子？东东在面对她这种状态时该怎么做，才会觉得自己已经做好了当父亲的准备？

东东：我可能需要对西西更有耐心一些。其实我想和西西说的是，一想到要当父亲我就很快乐，也很期待，因为这个孩子是我们爱情的结晶。我确实很在意他，那是因为他是你和我的孩子。

西西：东东的话还是让我感动的。我想，我并不仅是在为他生孩子，为他受苦吧。我以前可能一直这么想，才总责怪他不体贴、不理解我。可事实上，我也是为了我自己、为了我们，才会孕育这个孩子，这是必须要接受的。现在我总是情绪不好，这样对孩子肯定也不好，所以我需要调节一下自己的情绪。

子木先生：西西当然希望自己成为一个好母亲，那么在情绪管理方面，西西有什么好方法呢？

西西：也许，心情烦躁的时候，我可以试着想办法排解；如果身体难受的话，我会试着转移一下注意力，或者向他人学习一些方法来解决类似的问题，不能把压力全放在东东身上，我也要担当一些责任。这是不是更像一个妈妈该做的？

子木先生：东东和西西似乎都对自己的新角色有了一些新想法，

那么你们在为这些角色做准备时，打算放弃原本的二人世界吗？

东东：啊，我好像终于抓到重点了！自从西西怀孕后，我很自然地把孩子当成她的一部分，以为关注孩子就是关注她了，而且认为她也把孩子和自己当作一个整体，也会接收到我的关心，所以当我百般哄她时，根本搞不懂她为什么还要莫名其妙地发脾气。眼下看来，在适应孩子的过程中，我们仍然需要两个人的世界，不该忽略对方。

西西：听了东东的话，我感觉好多了。

重构你的婚姻故事

Q1：孩子的到来会让家庭里发生一些新变化，你和他／她认为自己需要做哪些心理准备？会一起讨论吗？

Q2：当你知道孕期情绪不稳定的她责怪你是因为需要你时，你是否会感到轻松一些？

Q3：在你和他／她为成为父母做准备时，是否会忽略对二人世界的维护呢？

NO.6
无性或少性就是不爱了吗
——性行为不是维持亲密感的唯一方式

西西 | 我们已经半个多月没有做爱了。
吃过晚饭后,我提议做这件事情,
可他说,不了,太累了,
然后居然还开了一句玩笑:
你的欲望怎么总那么强烈啊?

我心里愤怒极了:
我欲望强烈?!那你还是不是个男人呀!
为这事吵嘴已经不是第一次了,
结婚四年,好像总是我主动提出要求,
如果我真是欲望强烈的人,那他显然满足不了我。

记得刚开始恋爱的时候,那种感觉真是非常好,
只是看着对方的眼神,或者把手握在一起,就会情不自禁。
当然我很清楚,激情不可能始终如初,
但我没想到,它会消失得这么快,
我们在一起的日子还有那么多年,该怎么过下去,
更不敢想有了孩子后,我们还会不会有性生活。

其实对我来说,
性,是一种情感和情绪的交流,
两个人的肌肤相亲,比性本身更吸引我,
当然,性也很重要。
也许如他所说,我是一个欲望强烈的人吧,
也许是我想要的太多,而他想要的太少吧。

他挨着枕头没三秒钟,就打起了呼噜,
而我从十点半上床到现在,一直都睡不着,
看看表,已经十二点半了,
唉,这恼人的夜……

东东 | 我特怕她说，我要跟你谈谈，
尤其是半夜三更的时候，
因为她并不是要和我说什么，
而是开始抚摸我。
可第二天早晨八点半要开会，
我想要避开早高峰，七点就得出门，
所以我只能拍拍她的肩，说，不了，睡吧。

她突然"哇"地哭起来，
问我是不是外面有人了。
天哪，我应付她一个还应付不过来，
哪还有精力再找一个。
好不容易把她哄睡着了，
我却清醒了，心里挺沉重的。

没有一个男人愿意承认自己在性方面能力不足，
我希望每一次性爱都能让她获得满足。
可我每天要做的事情又多又琐碎，我很累，
我怕表现得不好，让她失望。

性，本来是让男人放松的事情，
但和西西的性爱，就不是那么回事了。
一套程序中的每一步都要做到位，
否则她会认为我不爱她，
这样的性爱还不如自慰方便、有成效。
其实，
我就是这么做的，可我不敢让她知道。

子木先生

（看着太太）亲爱的，你知道性爱的意义吗？（子木夫人笑着撇了撇嘴）性爱有三个意义：在生物学层面，性爱是生命延续、发展的唯一途径，是人类与生俱来的本能；在心理学层面，性爱其实是生命的一种享乐，它的存在是为了补偿生命的闲、苦，性爱会引发一种奇特的意识状态（高潮），尽管短暂，生命也因此灿烂；在社会意义上，性爱代表着一种升华了的人际关系，也是一种关系的最高形式，没有任何人际关系会超越有性又有爱的两个人。

在心理学意义上，任何回避夫妻性活动的理由都源于一种不想为对方负责任的想法，这会让对方不得不压抑自己的渴望。东东明明知道西西渴望性爱，却无情地拒绝了。其实，身体疲劳并不是拒绝性爱的理由，心理抵触才是拒绝的本质。注意这句话，东东说："性，本来是让男人放松的事情，但和西西的性爱，就不是那么回事了。一套程序中的每一步都要做到位，否则她会认为我不爱她。"

这句话的潜台词是：跟西西的性爱过程可以预知，其中少了新奇与激情，而别人的性爱，是一种冒险和探索，会获得更多的快乐。东东抱怨妻子在性爱中只顾及自己，但如果他真的渴望性活动充满变化与创意，为什么不主动把持两个人的性爱方式，反而选择退缩呢？所以，我觉得东东没有说出自己内心的声音。

性是要追求满足的，疲劳并不会给人带来满足感。如果东东渴望西西的身体，就会让巨大的活力从人类本能的最深处升腾起来，疲劳感会因为性的活跃而消散。

| 子木夫人 |

可敬的子木先生，你对性爱的理解仍是不够的。（子木先生惊讶地瞪大了双眼）性爱还有一种更重要的象征意义，它代表了对立统一的自然法则。两个人都感觉自己生命不完整，都在努力寻找自己缺少的东西。性是一种结合，对立统一，让人感觉完整，因此人们也会在性爱的过程中获得高潮式的满足。但这样的完整感很短暂，需要多次重复体验。所以，身体上的性（爱）发展到精神上的性（爱），才能让满足感持久，才会让孤独缺陷感真正消退。

东东、西西在精神上的爱不够，同时也缺失身体的爱。我感觉他们之间的交流存在许多问题，西西认为东东在拒绝她，他们之间甚至连肌肤之亲也没有，而东东却感觉西西在性爱方面自私，只顾自己。看起来西西是索取的一方，东东是给予的一方，这给人的感觉怪怪的。性爱中的两个人要两情相悦、彼此取悦、彼此需要，但在他们的婚姻里，性生活更像是单方面的诉求，婚姻似乎已经疲惫不堪。

不过西西还在追求，希望双方能对立统一，而东东似乎摆脱了缺失感的烦恼，当然，是通过自慰来实现的。自慰的象征意义是：

用自体的爱来挫败别人想进入或分享自己的企图,这样的做法源于强烈的不安全感。因为自慰是安全的,不用承担责任,也不用胆怯。自慰是完全受自己控制的,能够体验到权力和自我完美感。自慰是即时、随性的,不用乞求谁或为谁服务。但自慰体现了男人的自私,通过自慰获得满足后,男人在面对女人时更笃定、自如。让一个骄傲的女人为了性欲讨好男人,可以使一个本来不处于优势地位的男人在女人面前变得高大起来。

(子木先生说话了:"亲爱的,你太女性主义了吧!")

一起聊聊

西西：性生活是夫妻双方应尽的义务吧，但是结婚四年，他在这方面从不主动。

子木先生：东东是如何看待性生活这件事本身的？

东东：虽然我们之间的性生活不多，但我觉得这也是一种正常状况。我并不排斥性生活，对它也没什么成见，不是说我没有需求，只是我觉得现在她的要求有些多，给我带来了压力。

子木先生：在哪些情境下，你们的性生活会比较和谐？

东东：首先要心情放松吧，比如休年假出去旅行时，心情放松、有精力，我们的性生活就会比较和谐。不过我平时太忙了，一天到晚都有事，几乎没有那份心情和精力，很难进入状态。

西西：一年中休年假出去旅行的次数有多少？可能就那么一次！只有那时，他才能有他说的放松状态，我都不记得他平时有哪次是兴致盎然的！

东东：我觉得我们这种情况挺正常的，我身边的很多朋友也这样。大家都是一门心思扑在工作上，性生活就要让路了，工作性质如此，我也不能为此辞职吧。

子木先生：除了工作之外，还有没有其他的原因让东东回避性生活？

东东：这可能是个难以启齿的话题，随着年岁的增长，战斗力会有些下降吧。我其实也有点害怕自己表现得不好，让西西不满意。就好像女人不愿意面对自己年老色衰一样，男人也有点不想面对性这个问题。性生活这件事中存在一个满意度问题，对方要是不满意，自己也能感觉出来，就会有压力。

西西：你的意思是我给你造成了压力？

东东：也不是，这是一种本能反应，战斗力下降是回避不了的现实情况。如果说，我在二十岁时有一百分的战斗力，到了现在这个年纪，天天累成狗一样，可能只剩下五十分的战斗力了。那丢掉的五十分是我自己不愿意面对的，尤其从你那儿反馈回来，会更刺激我。

子木先生：所以东东就会越来越想逃避？

东东：对，原本这种事是一种放松方式，但是西西的挑剔和不满，不但没有让我体会到成就感，反而感受到了否定，所以就没有太强的动力做这件事了。

子木先生：看起来受伤的不是西西，而是东东？

西西：你认为我给你造成了压力？那你可以直接告诉我啊，为什么总是用拒绝和躲避的方式呢？我觉得还是我们之间的沟通出了问题。我也说不清楚哪个是因，哪个是果，但可以确定的是，你的拒绝会让我更加挑剔，更加不满。

东东：直白地讲，拒绝你，就是为了掩饰我自己的力不从心。要不是今天聊到这儿，我也不想说出来。

西西：就是说，我应该降低一下自己的期待值，以免给你造成压力？之前我们没有这样沟通过，现在我知道你的意思了。但我想说的是，如果哪天我对你失去了兴趣，可能意味着我对我们的婚姻也没有期待了。

子木先生：性生活对你们来说意味着什么？有没有可能通过用其他方面弥补这方面的不足？

西西：其实对于我来说，性生活本身不是最主要的，至少不是唯一重要的。我更在意的是我们之间的亲密感以及我们之间的交流。现在他总是特别冷淡地避开我的需求，让我感觉他不像以前那么在意我、爱我了。

东东：也不是不爱你了，严格来讲，我其实是不太接受现在的自己。

子木先生：在这件事上，西西受到拒绝，东东感受到压力，你们在生活中的其他事上也会这样吗？

东东：仔细想想，我们之间的互动差不多都是这种模式。西西做事很认真，也把我们的家料理得井井有条，当然她的要求也高，有时难免让我有压力。在性生活这件事上，她也是这样的态度。说心里话，她会让我将每步程序都做到位，否则她就会说我不够爱她，如果哪一次表现得略差些，她眼神中的失望简直让我无地自容，那种压力是无形的,所以我才想,我还可以用拒绝的权利吧。

西西:虽然东东的话让我不太舒服,但我会反思一下。

子木先生:比较宽泛的性爱不仅是指性行为,也可以通过其他途径来完成,比如一个亲吻、一个拥抱可能都属于性爱的一部分,是否可以通过这些方式让你们的亲密感增加呢?

西西:是的,两人之间的亲密感才是我更看重的,如果可以通过其他途径进行情感交流,我可能也不会像现在这样不满。一个亲吻、一个拥抱,甚至一句关切的话好像都可以增加亲密感。但现在,我们好像很少做这些事了,我都忘了上一次拥抱是什么时候。

子木先生:那么东东会拒绝类似亲吻、拥抱这样的亲密行为吗?

东东:这些没问题,当然不会拒绝了。

西西:你的意思是,如果我要的只是性生活,你会比较为难,但如果我想要亲密感,你是可以通过这些方式满足我的愿望的?但是现实情况是,你现在已经不再主动做这些亲密行为了。

东东:听你这么说,我忽然有些内疚。好像有些报道也提到过,相对于生理需要,女性更关注情感需要是否得到满足。这样想来,这几年我确实忽略了情感表达,没有用心顾及西西的感受。其实有时,我还挺羡慕西西的状态的,她是一个对生活很有热情的女人。

子木先生:那么东东愿意让自己拥有一份很亲密的关系吗?

东东:说实话吗?我的第一反应居然是不愿意!我对性爱的回避,可能和我的性格有一定关系,我希望有自己的空间,或者说我害怕两人之间太过亲密。

子木先生：如果两人的关系太过亲密，东东的担心是什么？

东东：我对这种感觉的体会也不是很清晰，只是觉得，两人太亲密，会不会让自己失去自我？我担心会失去自己的判断，并且让别人知道我有许多不足。换言之，我其实有点儿胆怯，宁愿做一个生活的旁观者，也不愿做一个生活的参与者。从这个角度想，我觉得西西这几年对我真的很包容了。

子木先生：西西听了东东这番话，有什么感觉？

西西：听他这么说，我忽然有一点儿感动。如果他的拒绝中有自己的难言之隐，也许我不该再揪着表面现象不放了，该和他一起想想办法。

子木先生：今天，你们分享了彼此的期待，也坦诚地说出了自己的脆弱，现在，此刻，你们是否感觉到彼此的关系更亲密了一些？

东东：也许，我也该为西西做些什么，不，是为我们做些什么。

西西：我也是。

重构你的婚姻故事

Q1：保持对另一半的"性"趣与热情，是维持良好婚姻关系的重要因素吗？

Q2：对待性爱态度的不同，是否也体现出了你和他／她性格中的不同？

Q3：性爱方面的冲突与不满仅来源于性行为本身吗？你们之间的关系是否可以通过其他行为改善？

PART 2

三个家

婚姻不仅是两个人的融合,
也是双方原生家庭与新生家庭习惯与价值观的融合,
在这一过程中产生的冲突就是家庭文化的冲突,
是所有婚姻都要面对的。

NO.7
不善社交的伴侣怎么融入你的家庭
——做伴侣与你原生家庭之间的桥梁

西西 | 初次见面，他话特别少，以至于我都没怎么注意到他。
但后来我了解了他是一个多么优秀的人，
他的沉静下是幽默和创意，他的内敛在我眼里有无限的魅力。

我们已经结婚三年了，
在生活方式和想法上惊人地一致。
在个性方面，我们也有很多互补的地方。
但在我身边的很多人眼里，却不是这么回事。

我们家姐妹三个，我是老二。
我姐和姐夫在外地，一年只回来几天，
但姐夫在我们家很受欢迎，能跟我爸妈和我妹聊得特高兴。
他在这一点上就差远了，按说结婚三年，他应该和我家人很熟了，
可他和我家人在一起时，还是找不到什么话题，光看电视。
我爸妈总觉得他在我们家太拘谨。
我妹的意见可大了，姐夫总要"巴结"点小姨子，
但我妹在他这里始终得不到这种"待遇"，
经常有意无意向我发牢骚，问他是不是对我们家有意见？

他跟我的朋友在一起时，基本上很少说话。
一开始他们都夸他很酷，有味道。
但时间长了，他们也跟我开玩笑说：
"他是不是觉得跟我们在一起说话特别没意思啊？"

我知道他骨子里是个很腼腆的人，
但有时候这样的问题的确让我委屈。
我常常想，他既然爱我，
怎么就不能好好地和我的家人、朋友聊聊天？

东东 | 她在她的家人、朋友面前特别维护我，
但只有我们俩时，她就没那么好的脾气了，没少跟我吵架。
说得最绝的是我存心不好好跟她家人、朋友相处，自私！
我真是无话可说。
她不是不知道，我天生话不多，
我在我们家也这样，在公司话更少。

每次去岳父母家，我真的不知道该说什么。
岳父母都是很好的老人，
岳父退休以后，每天做得最多的事就是看新闻，
岳母总是在厨房里忙活，
叫我跟他们说什么呀！
她妹妹有点小刁蛮，挺可爱的，
可我家只有我跟我弟弟，除了我妈，没女的，
我不知道该怎么跟她妹说话。
跟她的朋友在一起时也一样，我插不上嘴。

其实，在她家，我最希望能让我干点活。
每次回家我都问："妈，让我干点什么呀？"
得到的回答总是"不用，孩子"。
不知道她注意到没有，
每年春节，大姐和姐夫回家我都特别高兴，
我在厨房里准备火锅，听着客厅的欢声笑语，
心里快乐极了！

我怎么才能让岳父母知道——
让我干点家务活，我就会没有拘谨的感觉。
我怎么才能告诉她——
当她的朋友来家里时，我最喜欢的是在厨房里做饭，而不是坐着聊天。

| 子木先生 |

　　社交环境中的人大致可分两种，一种是"自来熟"的人，见谁都会像见了老朋友一样打哈哈。这样的人喜欢与人聊天，见缝插针地说话，似乎不说点话就不得劲，或者觉得对不起人家。另一种是"慢熟"的人，和不熟的人见面会觉得生分，你不理他，他多半也对你视而不见。这种人和别人说话的时候，能用一个字表达的就绝不用两个字，觉得说话多了挺招人烦的。

　　"自来熟"的人容易获得好感，但这种好感不容易维持，因为这样的人大多喜欢以自我为中心。"慢熟"的人的矜持和缄默被认同为谦虚和克制，"路遥知马力，日久见人心"，他们性格特点的妙处会慢慢地在他们的社交中体现出来。

　　当然，"慢熟"的人常常不那么确信自己在社交圈子中的位置，需要有人诱导、帮助、促使他们融入社交环境。这样的人与"自来熟"的人可能有一种心理共生的关系，他们之间的友谊或爱情常常可以天长地久，牢不可破。东东和西西的婚姻也许正存在这样的互补关系，东东在社交环境中越沉默、稳妥，甚至木讷，西西越会采用一种"帮助模式"，他俩的爱情也许正是产生于这样的心理纽带中。

　　用心理学视角看，东东在西西的家人与朋友面前会主动示弱，这种做法的功能有两个：一是与西西的亲友圈保持心理距离，避免被同化，他在潜意识中不认同西西欣赏的社交方式；二是西西需要维持婚姻中的优越感,通过帮助东东来凸显自己的重要性。我还破解不出哪个功能更重要,东东的解释可以自圆其说,但潜在的信息并不多。

| 子木夫人 |

我们还可以从家族中找到证据,西西排行老二,上有大姐下有小妹。在多子女的家庭里,老二总是有些吃亏的,原因是老二常常找不到自己在家庭中的位置。老二无意识地喜欢超越姐姐,获得父母更多的重视;又无意识地希望替代妹妹,获得更多的任性、依赖,她们常常会摇摆在两者之间,让父母犯难。

成长中的心理获得和受挫的经历,容易让老二产生两种倾向:一种是逆反,通过让父母头疼、担心,变相获得关注;另一种是勤奋,通过学业、事业、婚姻的成功,获得正面支持。这两种倾向都潜藏许多心理问题,在匆忙地与兄弟姐妹较劲的过程中,有许多儿童时期和少年时期的"未竟之事"滞留在他们的心里。

东东感觉到的尴尬,其实也是西西内心的尴尬,这些尴尬与生俱来。"找不到自己在家庭中的位置"这个困惑是两人的"心理共病",西西如果没有痛苦,就会宽容东东的缄默,东东的社交弱点也不会如此明显地暴露出来。而现在,东东想在岳父家"偷得浮生半日闲",自得其乐,西西却在那比来比去,重温儿时的不快,把没根没底的情绪投射到当下的情境中。在西西对姐姐、姐夫的描述中，你能看到那个心结——好位置仍被别人占着。

西西需要承认差异，弥合自己内心的创伤，并通过对东东的行为赋予积极的意义，减少自己的焦虑。比如调侃东东来岳父家是做客的，客人就会受尽尊重而不承担责任；或认为东东在朋友面前装傻是维护自己的风头；等等。这样的看法会让西西好受一些。家庭中的每个人都会像孩童玩游戏时一样，每个人都有一个角色，角色的定位大半来源于家庭需要，小半来源于个性差别。

东东心里那种聊天的是客，做事的才是家人的感觉很到位，可是，西西和家人并没有给他一个合适的、别人不能替代的位置。"一个每天做得最多的事就是看新闻，一个总在厨房忙活"，西西的家人必须在心理和家庭事务中腾出一个空间，才能把东东纳入并固化为家庭中的一员。

一起聊聊

西西：以前我没觉得东东的性格是个问题，但是现在他的性格影响到了我们的生活。我希望他能适当改变一点，和我的家人、朋友好好相处。

子木先生：在没有其他人的情况下，你们两人交流得怎么样？

东东：我平时就不太讲话，我们两个人在一起时，她不挑我这个，我也不认为有什么问题，相处得挺好的。只是人多时，她的朋友、家人觉得我不合群，她就有点架不住，好像我伤了她的面子，所以她希望我能改变，变得更主动、合群一些，但是我觉得自己不是那样的人。

西西：其实我也不要求他和别人滔滔不绝地聊，而是觉得他现在这种性格有些破坏气氛。在我父母家时，他和我父母交流得很少，对我妹妹也是冷冷的，丝毫没有表现出对家人的亲近感。和我朋友聚会时也是，他的出现甚至会导致整个聚会的气氛变得不自然。

子木先生：听上去西西似乎比较在意家人和朋友的看法？

西西：对，我会在意。

东东：我倒不在意这个。现在我之所以感到烦恼，并不是因为别人对我的评价，而是因为这些事给她带来了烦恼。当然，我自己也有一点困扰,比如去她父母家时,我确实不知道自己的位置在哪儿。

子木先生:在什么样的具体情况中,西西最在意东东的格格不入?

西西:我们家姐妹三个,我是老二。我姐和姐夫在外地,每年节假日才回来几天,但是姐夫的性格特别好,开朗健谈,在我们家很受欢迎。每次家庭聚会时,我看着东东不声不响,再看着爸妈和妹妹围着姐姐、姐夫嘘寒问暖,心里特别不是滋味,觉得我们受了冷落。东东这么有才华的人,怎么会在社交时这么木讷?我有时甚至想,他是不是刻意和我的家人保持距离?

东东:真不是。我听着他们聊得开心,我也很开心,只是不知道怎样才能加入到他们的谈话中。西西妹妹年岁小,我不知道和她聊什么,岳母总是在厨房里忙,岳父又一直看新闻,我不知道怎么开口。但我真的不是不愿意和他们打成一片。听他们说话也是一种快乐啊!

子木先生:东东听着西西家人的欢声笑语,感觉很快乐,而西西却觉得自己受了冷落?如果东东不在场,西西还会觉得自己受到了冷落吗?

东东:这是问题的关键。在我们没有结婚时,她常常提到自己在家里得到的爱护和关注不如姐姐、妹妹得到的多。

西西:是的,我没有姐姐那么优秀,也没有妹妹那么聪明伶俐,在家里最不显眼,所以多少有些自卑。也许我想让东东得到家人的喜爱也是出于补偿心理吧。

东东：我理解你，我也想让你有面子，但让我像姐夫那样谈笑风生，确实有些强人所难啊。

子木先生：如果东东生性如此，当大家把目光聚焦在他交际木讷上时，他是否更觉得自己的举止不得体？我们的感觉有时是自己构建出来的。假如西西一再强调"应酬不是东东的强项，但是你们知道他很有才华吗"，大家会怎样看待他呢？

西西：我好像明白一些了，我应该在其中起桥梁作用。

子木先生：如果大家的眼光聚焦在东东的才华上，那么他们对待他的态度会不会不同？同样，东东虽然说话少，但是如果你清楚地知道大家很欣赏你的才华，由衷地尊重你，你会觉得更自在一些吗？

东东：那肯定会自在很多啊！关键是她在意的问题不再那么扎眼了，她开心，我也会开心。

子木先生：东东感到自在时，会觉得自己跟别人的交往更顺利一点吗？

东东：可能吧。其实我身边也有这样的朋友。他不善于聊天，但是一聊到自己的专长时，就会眉飞色舞，没人觉得他不健谈。我们的烦恼可能也是看待问题的角度造成的吧。如果我也可以和她的家人、朋友聊自己相对擅长的领域，我就会自在很多。其实以往一想到要去和他们聊那些自己不擅长的话题，我就会觉得很头疼。再往深处想，也许是我本身就不喜欢甚至讨厌那些话题。

子木先生：假如东东能确信西西的亲朋好友像西西一样，很欣赏东东的某一方面，东东对他们的态度会发生一些变化吗？

东东：其实我非常愿意和西西的家人、朋友建立联系，但我可能需要找到那个连接点。有时如果认同某个人，即便他讲的是些琐碎无聊的事，我也是能接受的。但如果带着成见看他们，就没有好好聊天的可能了。

西西：这样说来，我也有方向了。问题就来源于他们把目光都聚焦在东东不善言辞这件事上。如果我强调的是东东特别有才华，而不是不善言辞，他们的关注点也许就会发生转变，东东在和他们聊自己擅长的话题时也会更自在、更放得开。这样一想，我要发挥好自己的纽带作用。

子木先生：原来西西或许可以给东东打一百分，但后来由于他人的看法，西西降低了给东东的分数。那西西是否可以借此类事件看到他人是如何影响自己的？

西西：您的话已经让我看到一些了。我从小就喜欢和姐姐、妹妹比较，确实容易受别人的影响。也许我可以试着不那么在意别人对东东的看法，当然，我也可以帮东东展现出他的长处。以后亲朋好友再聚会时，我会说我老公是个特别有才华的人，别人也许就顾不上关注他的社交能力了。

东东：对嘛，可以运用光环效应的原理。也许不需要我改变太多，你把我的优点真实地传递出去，才是更高明的社交方式。

重构你的婚姻故事

Q1：当发现亲朋好友过度关注他/她的不足，尤其是社交方面的不足时，你是否会让自己成为一座桥梁，帮他/她展现出优点？

Q2：当你过分在意别人对他/她的看法时，是否会反思自己为何容易被人影响？

Q3：在和他人交往时，先假定别人欣赏自己的某个方面，是否会让自己更有交往的主动性？

NO.8
过节去谁家
—— 默契的夫妻愿意互相成全

西西 | 在平常的日子里，
老公是个好女婿，
我和公婆相处得也很不错。

可今天一放下婆婆的电话，
我就忍不住冲他发火了：
谁规定过节就得到婆婆家去？
自从结了婚，我就再也没在我爸妈家里过除夕，
再也没陪他们在中秋节赏月，
可我是独生女儿，你还有一个姐呢！

我心里真有点生婆婆的气，
她怎么觉得那么理所当然呢？
她怎么从来不想想我父母的感受？

但最让我生气的人还是他，
他真是个自私自利的人。
我觉得我们之间不存在谁嫁谁娶的问题，
我们共同承担一切家庭义务和责任。
并且我们这个小家，
同时得到的是两边父母的关爱，谁家付出的爱也不比另一家少。
可为什么逢年过节，
在回谁家的问题上，我就得服从他，
跟他回他父母的家呢？
难道我父母的家不是我们的家吗？

我曾经提议，过节时各回各家，
可他说，我们结了婚就是一个整体，
但我就是想不通。

东东 ｜ 一过年过节，我就很紧张，
因为她肯定会跟我吵架。

我理解她想回她父母家，
可有什么办法呢？
我是儿子，娶了媳妇，
过年过节，我就得按本地风俗，带老婆回家。
有时候，这种传统的力量会大到没有道理。

而我觉得，过年过节回家就是一个形式，
现在的年、节和平常的周末其实没什么区别。

她是独生女，
所以平常我回岳父母家的次数比回我父母家的次数要多。
我愿意，
而且我也真像对待自己的父母那样对待岳父母。
其实我父母家的很多事情，我都照顾不到，
姐姐做得比我多。

我也一直在做努力，
中秋节，我们会在岳父母家吃中午饭，
然后陪二老聊一下午天，再去我父母家。
除夕凌晨后，我就跟着她回岳父母家住。
还要我怎么做呢？

| 子木先生 |

夫妻可能需要让某些分歧点一直存在来释放彼此心中的一些不满。东东和西西就是如此，互敬互让的两个人度过了平和的一年，所有的不快都被小心翼翼地积攒起来了，当关系的张力达到一个临界点时，除夕在谁家吃年夜饭这个问题就变得敏感，两个人都难以向对方妥协。夫妻间常存在一些"扳机点"，谁触动它，谁就会引发婚姻中的争执，是不是消除这些婚姻中的禁忌才好呢？其实不然，扳机点是婚姻缓冲机制中重要的组成部分，正如乒乓台一样，没有它，怎么打球呢？一对夫妻一年之内都没有冲突，就说明他们的婚姻有点冷冰冰的，不那么热闹。到了年关，他们可能就要无意识地找点事情吵一吵，试探试探对方的态度怎样，心里怎么想，对自己还好不好？嘴上争执的是某件事，但暗地里传递的是两个人需要的信息，其实在这样的过程中，两个人的关系也会悄悄更新。等争吵结束后，情绪恢复平和时，双方便会重拾爱，抖擞精神过新的一年。

我说年夜饭的问题之所以存在，是因为这对夫妻的分歧可能太少时，子木夫人很惊讶。他们平常的生活已经高度一致了，任何细小的分歧都会被故意保留下来，成为双方情绪的触发器。我感受到，支配他们争吵的是情绪，是一种逐渐积累起来的不满，而这种不满由来已久。

其实，夫妻间的和谐有两种：一种是真和谐，夫妻二人互相谦让，积极解决他们之间出现的任何问题，不争执；另一种是假和谐，不争执是因为双方都觉得争也没用，谁也改变不了谁。假和谐的夫妻会潜抑一些敏感的矛盾，会选择一些不那么具有原则性的问题争执，因为这样比较安全，争不赢也不涉及什么大是大非的事。如果轮流去两家吃年夜饭，今年去我家，明年去你家，那么这对夫妻可能会无意识地制造出新的争执点，不然，彼此之间的不满又怎么排解掉呢？

| 子木夫人 |

我不太赞成子木先生的观点，年夜饭为什么不是大是大非的问题？！东东说"传统的力量会大到没有道理"，我不认同。东方文化一直忽视妇女的权利，认为女子是嫁出去的，男子是娶妻进来的，结婚以后妻子是男方家的人，过年就要到男方家过。但文化不是固化的，任何文化都在发展、变化，一些不变的传统不再是文化，而是一种精神桎梏。

子木先生也有些大男子主义，我们在年夜饭的问题上也发生过争执，他争不过我，只能同意各回各家。有了孩子后他开始依从我，在我家吃年夜饭的次数比在他家多。子木先生嘲笑我，说我对女性主义的话题敏感，夸大了问题，气得我差点将他扫地出门。我不喜欢拿传统当说辞的男人，传统再大也大不过基本人权，人人都想要自由、平等，希望事情符合自我意愿。

我的家和子木先生的家在不同的城市，两家相隔千里，我们不能像东东、西西那样，在一个人家里过除夕，在另一个人家里过初一。结婚的头几年都是在他家过年，他是长子，我还得帮婆婆做年夜饭，里里外外一把手，累得我够呛。他到我家时简直就是个"甩手掌柜"，大事小事都不粘，还得找个人陪他聊天。后来我们做了父母，先生看我平日里辛苦，在年夜饭的问题上就会更多地照顾我和孩子的想法。再说日子长了，两人之间就有了更多的默契，往往谁更想家就回谁家看一看。我们也愿意互相成全，在年夜饭问题上的矛盾就渐渐消失了。

瞧，子木先生对我眨眼睛了，他说面对公众时不能附加太多私人情绪。我猜我有点女性主义，站在中立的角度看，如果平时总是太太说了算，那么在年夜饭的问题上就可以补偿丈夫一个权利。如果平日里，你们的一切权利平等，那么在过年的问题上也应该尊重个人意愿。如果东东希望西西在自己家过年，要谦和地邀请她，而不是用传统压人。

一起聊聊

西西：我平时和公婆相处得挺好的，但过节必须去他家这个硬性规矩让人很不舒服。

子木先生：在平常的日子里，你们去谁家更多一些？

东东：我们离西西的父母家比较近，所以平时去她家更多一些。其实过中秋节、除夕这样的节日时，我也不会不顾及她和她父母的感受，也会尽力平衡，只不过我父母比较注重面子，老传统一时半会儿改变不了。

子木先生：假如变换一下，你们平时去东东家多一些，把节日里的时间留给西西家，这样会更让人期待吗？

西西：听您这样说，我首先想到的是，我其实也不太愿意减少平时和父母相聚的时间。反过来想想，东东见到父母的机会要少很多，如果不把过节的意义看得那么重，按道理讲，过年过节到他家去也是应该的。关键是他家这个规矩没有商量的余地，这样的态度就有些不近人情了。

子木先生：这个规矩绝对不能改变，还是有协商的可能性？平时经常回家、节日这天也要回家，和平时都不回家、节日这天必须回家，有没有差别？这两种情况下，东东和西西父母的反应会有什么不同?

东东：当然是有差别的。

西西：平时常回我家，所以过节时我父母并没有要求我一定陪在他们身边，甚至还劝我多回东东家去看望他的父母。只是，我父母越通情达理，我越不忍心让他们自己在家过节。

东东：我父母也是有修养的人，如果我们平时常回家的话，我想，我父母可能也会主动说出"你们平时来这边多，过年过节也要去西西家看看"这类话。

子木先生：这样看来，这个规矩似乎是有商量余地的，如果平时可以多去东东家，原来的"必须"，就可能调整为"希望"？

西西：这样一想，这个规矩似乎也不是变不了的，我心里好像舒服一些了。

东东：但现在的实际情况是，我们平时不太可能多回我父母家，毕竟比较远。

子木先生：所以节日就变成了东东父母的一种寄托？

东东：没错，像稀缺的资源一样，他们很珍惜。

西西：其实我能理解他父母的心情，但把这件事当成硬性规定，让我很不舒服。

子木先生：是否曾有你们两个人因为某种特别的原因，在节日里没有回东东家的情形呢？

东东：有过，去年中秋节我在单位加班，我们就没有回去。父母可能会不愉快，但还是能接受和理解的。

子木先生：听上去这个规矩在东东父母那里也不是一成不变的？在某些时候东东父母也可能会让步？

西西：好吧，我想可能最让我不舒服的是，每到过节前，他父母就打电话说："过节了，你们该回来了！"说得特别天经地义。但我认为这样的要求是不合理的，我不喜欢被不合理的要求强迫。

东东：你总揪着我父母的这个要求不放，是想检验一下我对你有多重视吗？那你呢，你对咱们的婚姻有多在乎呢？为什么就不能为了维系我们的关系，迁就一下我父母，做出一些改变呢？

子木先生：假如，东东的父母不再因为节日或习俗的原因，要求你们必须回去，而是说他们想念你们，很希望你们回去，西西会有什么样的感觉？

西西：如果他们表达的是一种想念，我当然可以理解。毕竟他们年岁越来越大，出于对他们养育东东的回报，我会陪东东一起去。但他们从来没这样说过。

子木先生：或许父母那一辈人不习惯直接表达对子女的想念，所以借着节日提一些要求，西西愿意这样解读东东父母的话吗？

西西：如果把东东父母的命令解读为一种请求和情感需要，我好像没那么排斥了。

东东：我似乎也明白了，就是说不要用习俗压人。如果把让我们回家过节说成老家的风俗，西西也许会觉得风俗高高在上，为此要委曲求全。

子木先生：所以，西西放弃了与自己父母团聚的机会，选择陪东东去看望父母，是否是因为她注重家人的邀请，她在意的是家人之间情感的连接？

东东：那肯定是！现在想来，她是为了我，而不是为了什么风俗才回去的。

西西：听东东这样说，我心里感到了一点安慰。

子木先生：如果你们因为一些原因确实回不去，是否也可以用同样的思路和父母沟通呢？把围绕这件事的沟通当作情感上的呼应？

东东：我觉得这个延伸特别棒！按照这个思路，不管日后去谁家过节，沟通起来都不会太为难。如果西西确实想和自己的父母一起过节，我们或许也可以和我父母一起，站在不一样的角度上看这个问题。

重构你的婚姻故事

Q1： 你和他／她会因为过节去谁家发生争执吗？是如何协商解决的？

Q2： 如果把回他／她父母家过节的要求，解读为父母对子女的想念和邀请，你会更容易接受吗？

Q3： 假如因为某些特别的原因，你们无法回父母家过节，你们会用什么样的方式和他们沟通，从而获得体谅和理解？

NO.9
你有没有在父母来时忽略对方
—— 提升共情能力,维护伴侣的重要性

西西 | 我们俩好几天没怎么说话了，
家里很安静，和五一长假期间的热闹形成了鲜明对照。
不过，热闹也好，安静也好，对我们来说都一样，
反正我们一直很少交流。
不交流，是我们婚姻生活里的常态。
而这次规划中的交流，被五一长假里的事情耽误了。

本来我们早就计划好假期去云南旅行，
可节前两天，公公婆婆突然要来深圳旅游。
我们的计划当然就取消了，时间也变得很紧张。
我们急急忙忙大采购，又找钟点工大扫除，
公婆还没来，我就累得够呛了。

更累的还在后面呢！
到机场接他们的时候，才发现同来的还有5岁的小外甥。
看见他们，他高兴得一直傻笑。
接下来的几天，家里真是热闹极了，也忙极了！
活动安排得满满的，
我尽量让公公婆婆多看看地方美景，多尝尝特色风味。
除此以外，我还要陪着精力旺盛的小朋友去欢乐谷。
唉，累呀！

而他呢？变成一个我不认识的人。
他不再是一家之主，也成了一个5岁的小男孩，
天天歪在沙发上，靠着公婆看电视，
还经常说，妈，我想吃小炒肉！
他顾不上跟我说话，我们甚至连眼神交流都没有。
送走公婆那天，他搂着我的肩膀，笑眯眯地对我说——
等父母退休，就让他们来跟我们一起生活吧，
这种家的感觉多好呀！
从那时起，我就没再跟他说一句话。

东东 | 那天一送走我父母,
她的脸就拉长了,
把我想说的话全给噎了回去。

其实我想对她说,
第一,老婆,你做得真好!

第二,别那么紧张,爸妈和我们都是一家人,
不用那么烦琐地接待,怎么自在就怎么来,
否则你会把自己弄得很紧张。
你一紧张就要训我,所以,你一紧张我就会更紧张。
无奈,我只好每天陪爸妈看电视了。

第三,我真的希望有一天,
你的父母,还有我的父母,
能经常跟我们住在一起。
你没注意到,父母在的时候,
家里每天都干干净净的,
我们每天都可以吃到可口的饭菜吗?
这种感觉难道不温暖吗?

最后我还想说,
父母如果长期跟我们生活在一起,
就不会有打断我们的计划这一说了。
我们也不会再这么紧张,
你也不会再生这么大气了吧?

| 子木先生 |

听听两个人的内心语言，你就知道东东与西西不爱交流的真正原因是误解。他们之间缺少很好的共情能力，总是按照自己的感受解释事情。夫妻之间的交流经常会存在信息误读，根源在于他们有不同的生活经历、不同的性别、不同的价值取向，来自不同的家庭。他们都按照自己已有的感受和分析问题的方式对待问题。很多婚姻中的误解是自然产生的，但在双方看来好像是对方故意捣蛋。误解多了，交流就会进入雷区，慢慢地就会不太喜欢交流。西西说不交流是他们生活中的一种常态，正好说明他们总有不一样的感受，不一样的想法。如何减少婚姻中的这些误解呢？这就需要夫妻双方的共情，即慢慢培养一种彼此相通的感受。当丈夫愉悦的时候，妻子的荷尔蒙也分泌，当妻子流泪的时候，丈夫的体温也降低。

东东忘了一个基本的事实：自己的父母并非西西的父母。现在不是旧社会了，还以为媳妇就是自家的人怎么行。父母的到来让自己有一种回家的感觉，以为妻子也会如沐春风，这是一个感受的误区。对妻子来说，公婆、外甥都是与先生有血缘关系的人，都是喜欢并熟悉某种家庭模式的人，而自己对这个血亲群体来说是外人，是一个血亲家庭的边缘人。当丈夫腻着母亲的时候，妻子甚至会觉得自己是个多余的人。

在东东、西西的家庭里，父母只能是客人。当东东在父母面前扮演孩子的时候，西西会有角色混乱的感觉。有时她会故意发难，在潜意识里想要回自己的丈夫，或者需要东东首先是自己的丈夫。东东如果在整个接待、照顾、陪伴父母游玩的过程中，处处关照西西，对她有感恩之心、敬爱之意、体恤之情，而不是一味地追求、再现儿时的快乐，甚至沉浸其中，西西又怎么会那么落寞、疲惫与厌烦呢？

| 子木夫人 |

我同意子木先生的看法。夫妻间存在平衡的原则，如果一个人多付出了，他也应该得到更多。西西取消了去云南旅游的计划，让出了自己的丈夫，忍耐了生活秩序的混乱，操劳了很多天，收获的却是丈夫对未来的一个梦想——让退休后的父母来和自己长住。相比之下，东东才是获益者。他既尽了孝心，又获得了儿时的欢乐，而拉长脸的自然是西西。从情理上讲，东东要及时地给西西一些补偿，或者过几天夹着尾巴做人的日子，这已经算很便宜他了！

从另一个角度看，西西的生气也是值得分析的。她说自己的丈夫"他不再是一家之主，也成了一个5岁的小男孩，天天歪在沙发上，靠着公婆看电视……"，这样的行为虽然可气，但西西如果深爱自己的丈夫，也会因此觉得丈夫很讨喜。所以，西西此时的不满可能混杂着自己的许多情绪（对丈夫的嫉妒，对自己亲人的思念，对丈夫来不及关照自己的不满，对客人给生活带来不便的抱怨，等等）。首先她无形地把自己与这个血缘圈子隔离开了，其实她有许多融入其中的机会，也会被东东的父母邀请与接受，他们也许并没有把这个媳妇当外人。在很多人际交往中，如果我们把自己当成外人，我们的行为就会在无形中有所改变，慢慢地，就真成了外人。不把自己当外人，才能和大家一起共情。

不过，核心的问题是这对夫妻交流不足，话说得少，想知道彼此的心思，就得猜一猜。而且凡事西西似乎都向不好的那面猜。其实丈夫说以后接公婆来同住也可能只是那么一说，未来是怎样的谁也说不清，不用有那么大的情绪反应。这说明他们的共情能力有问题。从夫妻关系的好坏就能看出来双方共情能力的高低，关系好的夫妻对对方的宽容、理解就多一些，关系不好的夫妻斤斤计较的事情就要多一些，还是先好好改善夫妻双方的关系吧。

一起聊聊

西西：我觉得自己在这件事中是不被尊重的。这个家不仅是东东的，也是我的，我也有决定权吧？当然，我也知道老人的观念比较传统，他们可能认为儿子家就是自己家，我也不会那么较真，但是东东的态度实在让人无法忍受，他不仅没有给我任何安慰和解释，还认为一切都理所应当！

子木先生：公婆或东东当时做些什么，可能会使西西比较愉快地接受这个新安排？

西西：您这么问，我心里舒服了很多。如果公婆能提前询问我们的假期计划，并给予我们尊重，我肯定能体谅他们，甚至会主动邀请他们来。

东东：这几天她和我冷战，我也在反思。我当时可能沉浸在父母到来的喜悦中，没顾及她的感受。现在想想，整个过程中，我确实忽略了她。其实一送走老人，我就想对她说，谢谢她把他们照顾得很好，我很感激，但是还没机会说，她的脸色就变了。

西西：你到现在还不明白我为什么冷脸相对吗？送走公婆那天，我刚想放松下来，你却说等你父母退休后，让他们来跟我们一起生活，就是这句话，让我的心彻底凉了。

东东：有那么严重吗？父母和我们一起住有那么不好？家里每天干干净净的，还能吃可口的饭菜，这种感觉不好吗？

子木先生：想想看，西西为什么对和公婆一起住有这样的反应？这段共处的日子里，都发生了什么？

东东：都挺好的啊，我父母很喜欢她，她也把我父母照顾得很好，氛围融洽，没什么不妥的。

西西：你是挺好的！你只顾着围在你父母身边看电视，和他们撒娇要好吃的。为全家忙碌的是我，带着小朋友玩的是我，最不被关注的也是我！

东东：这也是我原本打算对你说的。我父母对你特别满意，觉得你做得特别好，但是我真心觉得你不用对他们那么客气，都是一家人，放松点，做真实的自己就好。

子木先生：假如，西西像东东建议的那样做，很放松随意，做事不那么用心，东东的父母还会对西西那么满意吗？

东东：这个……可能不像现在这样满意吧。但我觉得那种状态才能持久。

西西：那是你的主观想法。对我来说，老人家难得来一次，我肯定会想尽办法招待他们，肯定会很累的。我肯定不能像你一样在他们面前四仰八叉地闲躺着，对吧？而且那几天，我眼看着你和你父母黏在一起，就像个孩子！一点都没让我觉得你心疼我、支持我，好像我是个外人。

东东：可能是这些年不常和他们在一起的原因，他们偶尔来一次，我就变成那种状态了。我同意西西说的要尽地主之谊，刻意安排一下是应该的，但也不用像她那样做得那么优秀，没必要必须得满分吧。

子木先生：假如，西西做得不够好，让东东父母不那么愉快甚至不愉快，东东还会产生将来让父母过来一起住的想法吗？

东东：也许不会吧。

子木先生：那么现在让西西烦恼的可能是，她做得太好，这让东东更想和父母一起住，也让她在更加辛苦的同时，更快地"丢了"丈夫；但是如果做得不好，她又会担心让东东和他的父母不愉快？

西西：是这样的。所以当他说父母退休后可以来跟我们一起住时，我就彻底生气了。

东东：你误会了。我说的是双方父母，还有你父母呢。

西西：他想让双方父母都住在一起，我特别不认同这一点！我会很累，我们俩的日子可能会矛盾重重。

子木先生：如果和某一方父母同住，比如先和东东父母一起住，东东和西西谁不需要付出太多并且能够得到更多的情感关注？谁可能是获益者？

西西：当然是他。

东东：大致上是这样的，我承认。

西西：而我没有了自我，像保姆和导游，全程都在付出，更糟的是连丈夫也没了。

子木先生：西西的不满似乎更多地源于东东的父母在时，东东变回了父母的孩子，这让自己没了丈夫？那么这种时候，东东怎样做才能让西西感觉到她的丈夫还在？

东东：嗯，其实这正是我的困惑。为什么夫妻关系会和血亲关系起冲突呢？我不认为这二者是对立的。

子木先生：父母和子女的关系是浑然天成的，而夫妻关系是后天形成的。亲子关系本身是非常深厚的，多数时候不会受到挑战，但夫妻之间的关系可能更需要刻意地经营。东东会怎么看待这样的说法？

东东：有些道理。也许夫妻关系更需要情感投入。

西西：看到你们一家天天腻在一起，我都觉得自己成了外人，心里特别不舒服。还有，你没有发现吗，你父母在家刚住了几天，家里都快完全按他们的喜好布置了，这都成你们的家了。

子木先生：我们可以来探讨一下，和父母在一起时，如何营造好两个人的空间，你们有什么好建议吗？

西西：我希望当他父母来时，他可以帮我分担一些事情，比如做家务、安排行程等，而不是只陪着父母看电视，只和他们互动。

东东：毕竟父母不常来，出现这种状态也挺正常的吧。换个角度讲，如果你父母来，我也会很勤快，会付出得更多。再说我想让父母在咱们家里待得舒服些，免不了会在言行上偏向他们，这也是人之常情。

子木先生：假如，我们在意识层面和语言表达层面，把自己的伴侣放在第一位，内心深处却依然和父母紧密相连，听上去，会有不同吗？

东东：会的，如果男人总在口头上把父母放在第一位或者在妻子和父母中间徘徊，估计家里就永无宁日了，家庭关系中的冲突一定会变成一场拉锯战。但是如果我的立场坚定，父母也许会更加尊重我的选择，也会更明白西西对我的重要性，由此也不会过多地干涉我们的生活，家里的矛盾可能反而会减少。

子木先生：假定每位爱子女的父母都希望子女拥有美好的婚姻关系，那么当一个丈夫常在父母面前维护自己的妻子，并让父母感觉到他们的儿子得到了很好的照顾时，妻子和父母相处起来是否会更融洽？

西西：我突然有种感觉，东东如果能告诉他父母我的重要性，一方面会使我确认自己对他来说是重要的，另一方面，也会让我在他父母面前更有底气。

重构你的婚姻故事

Q1：假如由于你父母的原因，你们不得不改变原定的计划，此时你做些什么，会让他／她比较愉快地接受新安排？

Q2：关于"和父母在一起时，如何营造好两个人的空间"，你和他／她有哪些好建议？

Q3：思考一下，你会常常在父母面前赞美他／她、维护他／她，让他们感受到他／她对你的重要性吗？

No.10
另一半太听原生家庭成员的话怎么办
—— 维护小家庭与原生家庭之间的界限

西西 | 好多人的家庭有矛盾都是因为婆媳关系不好，
可我们家是我老公跟我姐姐不合，
而我跟我姐姐感情又特别深厚，
所以常常夹在中间，左右为难。

我姐大我三岁，
从我记事起，我就是她的跟屁虫。
夏天，我们俩常常只能买一份冰激凌，她看着我吃就高兴。
她一直都很优秀，高中毕业时被保送到北京的名牌大学。
她是我少年时代的偶像，也是我成长中最直接的帮助者。
虽然毕业后我们在两个城市，但一直都像最亲密的朋友一样。
我常想，比起那些独生子女，我们多幸运啊！

我从没想到，老公会成为我和姐姐的离间者，
这两个爱我的人同年同月生，却从一开始就不对付。
我的本命年时，他们一起为我选玉坠，
一个选心形的，一个选方形的，然后都用殷切的目光看着我，
结果，我只好拿了一个圆形的。
其实，我和他的看法一样，
但我又不愿意让姐姐伤心。

我姐做的一些事情也挺没道理的，
但我为什么要评判她呢？
在亲情和道理中，我愿意选择亲情，
可他不这样看，他总时不时要批判一下我姐，这让我很生气。
他们对我都那么好，可怎么就非要互相斗气呢？

东东 | 看着她伤心又气急败坏的样子，我无可奈何。
在她眼里，姐姐是非常具有权威性的，
她曾经开过玩笑，在她心里，
爸妈第一，姐姐第二，老公嘛，排在最末位。

但其实，姐姐对她的影响远远超过岳父母对她的影响。
她对她姐的话，永远全盘接受。
其实，她们俩的性格差异很大，
加上好些年都不在一个城市里生活，
她们的想法和生活态度都发生了很大的改变，
但只要两个人一见面，她就不自觉地模仿和跟从姐姐。

其实，姐姐是个挺可爱的人，
但是有时很任性。
就说刚才吧，
她姐给她打电话，说想让我们跟她去西藏，
要她取消岳父母来我们这里过十一的计划，
可岳父母早就盼望着十一到我们这看新房子呢。
她凭什么打乱我们的计划？
她怎么能对自己爸妈这么不在乎？
我不能接受！

我很理解她和姐姐的感情，
但是我觉得，岳父母家需要听一些来自外面的声音。
更何况，我是善意的，
接收不到任何不同的意见，对她姐姐也不好。
一家人，更应该多讲道理，
我觉得这是我这"半个儿"应该负起的责任。

| 子木先生 |

这样的纠纷很难在道理上说清楚,在丈夫的观念里,夫妻是最亲密的,两个人可以交谈任何问题。而妻子可能认为,夫妻双方对对方的家庭成员不能妄加评判,这是对一个家族的尊重。引申说,妻子认为,丈夫不喜欢自己的家人、家庭背景、家庭的生活习性,就等于否定自己。我想两种观点都会有不少支持者。西西说在亲情与道理上,她选择亲情,其实这只是表面上的解释。

西西的内心存在对姐姐依恋的情结,这可能是一种过度认同引发的后遗症。她小的时候凡事都向姐姐看齐,姐姐又对她那么好,所以在西西的心理发展过程中,她的内在可能把姐姐这个人当作一种心理符号,内化在自己的心理结构中,成为自我的一个部分。这样一来,任何对姐姐的批评都可能激发她深层的焦虑,于是她会把这样的声音当作一种禁忌,生气摔门也是情理之中的。西西这样的人很像痴迷明星的粉丝,其他人只能对自己心中喜欢的形象拍手叫好,谁说不好就跟谁急。除此之外,西西那句"他们对我都那么好,可怎么就非要互相斗气呢"是很有心理学意味的。姐姐的存在让东东感觉不舒服,在他的关系幻想中,西西应该是最崇拜自己的,他俩的关系超越一切关系,不是那个有些任性的姐姐可以影响的。西西越不让东东评价姐姐,东东对姐姐的言行越敏感,越要与姐姐竞争,对姐姐的意见也越大。这样下去,问题不仅无法解决,还会让他们对三个人彼此之间的关系感到纠结，都不舒服。

三个人中必须有人认输，他们其中的任何一个人化解这份纠结，都会让另外两个人的关系变得轻松。

| 子木夫人 |

我觉得这里面还有隐含的信息，作为女人，我更理解西西的两难心情。如果西西的家庭与东东间隐约存在一种界限，那么这种界限往往跟家庭文化有关，有时也涉及一个家庭的尊严，而且其中包含得更多的是这个家庭中父亲的尊严（对女婿来说是这样，对儿媳妇来说就是婆婆的尊严）。

东东的做法显然是要挑战这个界限，逼迫西西的家庭更多地接纳自己，但这会让这个家庭感觉不安全，西西跳出来抗议是意料之中的事。东东要解决内心那种害怕自己没有价值的感觉，不要担心成为局外人，成为局外人反而可以少承担些责任，何乐而不为呢！换一个角度来说，如果这个家庭完全接纳东东，岳父母说话也很随便，那么不消除丈夫与姐姐的矛盾，甚至在他们之间制造矛盾就可能会成为西西的心理需要，因为她可以在其中获得更大的利益，被人争着爱、抢着关心是非常愉快的。

当然，我个人觉得这种可能性不大，这样的女子比较容易在丈夫面前说姐姐的坏话，在姐姐面前说丈夫的不是，他们不合会让自己更有安全感。姐姐与东东同年同月生，这个信息具有一定的暗示性，如果两个人走得太近……那么姐姐与东东的不和谐也可能是一场戏，他们的潜意识要求他们澄清关系，让西西不至于敏感。一般丈夫与妻子姐妹的关系都比较微妙，亲近的很少。

一起聊聊

西西：他总和我抱怨我姐影响了我们的生活，不觉得自己有点越界吗？我姐和我的感情是从小培养起来的，他没有权力说三道四吧。

东东：我并不认为西西姐姐恶意破坏我们的关系，但从客观的角度讲，她的出现和影响力确实已经干扰到我们，这是我不满意的地方。比如原本我们已经商量好十一的计划，而且这个计划还牵扯到西西的父母，但是她姐随便一说，她就改变了整个计划。这不叫破坏，叫什么？类似的事还有很多。

子木先生：西西的父母怎么看待西西和姐姐的新计划？

西西：虽然我父母也认为我姐有些小任性，但他们知道我们姐妹情深，还是能理解的，不至于生太大的气。

子木先生：如果西西妈妈听到了东东的抱怨，妈妈会认为东东在争取什么，她会给西西什么建议吗？

西西：她当然愿意我跟东东的关系更好一点，她可能会建议我照顾东东的感受。

子木先生：是什么原因让她愿意看到你们的关系更好一点，而不是你和姐姐的关系更好一点？

西西：因为……她会认为我姐也有她自己的生活吧，我也应该过好我的生活。如果因为姐姐的缘故，我和东东有了矛盾，我想我父母肯定会更支持东东。

子木先生：东东怎么看待西西父母的这种想法？

东东：和我的想法一样。平时西西和我遇到事时，都是商量着办的，但是只要她姐一出现，她就不是她自己了，会变成一只跟屁虫，全盘接受她姐的想法。我马上就变得无足轻重了。

西西：其实是东东非要把自己和我姐摆在竞争者的位置上。无论我姐说什么，他都会批判、攻击。

东东：我并没有针对她姐这个人，只是觉得她在我们这个家庭中的角色影响了我和西西的关系。也许明天开始，影响我们的就不是她姐了，是她表姐或者别人。所以真正的问题不在她姐身上，而在我们自己的家中，我们两个能不能对一件事达成共识？能不能一起约定并执行一件事？如果任由外来因素影响、冲击我们的家，我就可能会一直做出这样的反应。其实我是个防御者。

西西：虽然他说自己是防御者，但是在沟通时，我可不是这种感觉。比如这次我姐说去西藏，他听完后马上跳了起来，还把我爸妈搬出来压我。其实我也只是说了姐姐的提议而已，还没有做最终决定，他就已经反应过度了，攻击性很强，甚至把我姐当成威胁自己家庭地位的竞争者。

子木先生：西西提到了竞争者，你认为是什么原因促使东东和姐姐成了竞争者？

西西：我承认有我的原因，我和我姐关系特别好，在某些事上，我愿意多听她的想法，可能这才导致东东心里不平衡。

子木先生：姐姐的想法总符合西西的心意吗？

西西：这……其实有时我姐做的一些事，也挺没道理的。但是在亲情和道理之间，我愿意选择亲情。我姐从小对我特别好，吃的用的都让给我，我们有这么多年的情感，我肯定会把她摆在更重要的位置上，这也是人之常情嘛。

子木先生：听起来姐姐似乎很爱你。她这么爱你，大概不会想让你为了迎合她的想法而忽略自己吧？

西西：当然了，我姐全心全意地为我好。

子木先生：假如姐姐知道，现在你和东东因为她产生了一些冲突，姐姐是愿意让你不停地捍卫她，还是愿意看到你和东东生活和谐？

西西：她肯定希望我过得好。她从没说过东东的坏话，这样一比较，东东的抱怨更让我受不了。

子木先生：西西怎么理解东东的这种抱怨？你认为他在期待什么？

西西：他的期待？他希望我们的关系更好吧，希望我更看重他的感受。

东东：从本质上讲，我不是对她姐有意见，而是对她有意见。比如十一的计划，为什么她会因为别人的一句话就把我们所有定好的事都改变了？别人提建议是别人的事，她却要把别人的建议变成现实，而不考虑我的感受，那她心里到底有没有我呢？我觉得这可能是我对这件事真正的情绪点。

子木先生：如果，下次东东比西西更快地同意姐姐的想法，可能会发生什么呢？

东东：让我同意她姐的想法？不可思议！

子木先生：东东每次都比西西更快地认同西西姐姐的想法，全面接受她的建议，没有任何抱怨。这是西西期望的吗？

西西：那肯定不是，如果这样的话，他就太不理智了！毕竟我姐有时候也想一出是一出，要是总跟着她跑，我们的日子就会过得很难受。算了，东东还是把自己的真实想法表达出来比较好。

子木先生：那么东东现在最想和西西说什么呢？

东东：我想说，记住，我们才是一伙儿的！请不要忽略我的存在！在安排十一计划这件事上，你明显不是和我一伙儿的，你叛逃了，这让我心里很不爽，毕竟我们才应该是最亲密的人。简单来说就是，我不想失去你。

西西：听他这么说，我还是挺高兴的。要是他以前能这样说，而不是抱怨我姐的不对或者拿我父母当挡箭牌，我可能也会关注一下他的感受。

重构你的婚姻故事

Q1：当亲情和爱情发生冲突时，你如何处理好两者之间的关系？

Q2：如果他/她一再表达对你的某位家庭成员不满，你是否会看到不满背后的诉求？

Q3：你的家庭成员（父母、兄弟姐妹）会对你的婚姻有哪些期待？

NO.11
怎么让双方父母更和谐
——承担好各自的责任,不避重就轻,不过度承受

西西 | 自从有了孩子,我的生活就彻底改变了。
看着旁边咖啡桌旁悠闲的人们,真是觉得恍若隔世。
谁会想到,我约老公来喝咖啡,是准备跟他大吵一架呢?
我们不能在家里吵架,因为家里有我爸妈,还有我们一岁的宝宝。
这就是有了宝宝的代价。

其实最累的,是我爸妈。
他们千里迢迢从老家过来帮我们带孩子,
尤其我上班以后,宝宝更是 24 小时扔给了他们。
他们还要给我们做饭,照顾我们的生活。
所以,昨天晚上婆婆的做法真是太过分了!
她居然直接打电话给我妈,问我爸妈什么时候回去?
两个人在电话里就有些不愉快,
放下电话,我妈说,辛辛苦苦带了孩子一年,
亲家连声"感谢"都不说,还嫌我们在这里待的时间太长。

我昨天一晚上没给老公好脸看,约他今天下班来这里谈判。
看着他从外面走进来的样子,我的怒火忍不住从心头升起。
孩子生下来以后,他操过什么心啊?
孩子一岁了,他从来没有半夜起来喂过一次牛奶!
要是没有我爸妈,他还能有这样一副精神神的模样吗?
而且,他居然敢跟我说,要不先让我爸妈回去一段时间吧,
等他爸妈看过我们的新房子后,再让我爸妈回来。
我说,我爸妈回去,宝宝怎么办?
他说,可以找个保姆,这样我们上班时也放心。

原来,他早想好了呀!
为什么我爸妈辛苦带孩子的时候,他不说找保姆,
现在我爸妈把孩子带到一岁了,就要让他们回去?
我越想越生气,他们一家人都姓自私!

东东 | 她生了很大的气,
觉得她父母对,我父母不对。
可在这种时侯,还一个劲儿说谁对谁错,有什么意义?
其实,两边的父母都在帮助我们,
只不过形式不同。

当初买房、结婚、生孩子一块儿来,
我的压力好大!
在我父母的支持下,我才付了房子的首付,
可一直到现在,他们还没看一眼我们的新房。
他们想来看看,也不为过吧!

我爸妈比岳父母年纪大,
以他们的身体状况,也带不了孩子,
难道因为他们没有带孩子,
就不能来我这里看看吗?

我觉得现在最重要的是怎么把两边的父母哄好。
而找保姆的事情,我也想了很久,
我们不能一直依赖父母。

| 子木先生 |

感情上,我更同情这个男人,他的诉求语言很少,也没有为自己找特别的理由。父母老了,想看自家的儿子、儿媳、孙子是很自然的事,谁都不知道明天会发生什么。老人们现在想走动,儿女用任何理由拒绝都是不合适的。

我不明白是谁把他们这个家庭中的岳父岳母与公公婆婆对立起来的。如果房子不够住,年轻夫妻为什么不能出去挤一挤,让亲家有机会在一起亲近亲近,对成长于异地的夫妻来讲,这可是千载难逢的时刻。夫妻两人的想法为什么不能并存?如果两个人能把观点融合起来,两全其美的好法子就会冒出来。

因为受到西西逼迫,东东处在一个非常理亏的位置,仿佛他处处获益。西西在这里偷换了一个概念,宝宝不是东东一个人的,也是西西的,她的父母主要想帮的也不是东东,而是西西。一方面,西西父母来这儿感受到的也不完全是辛劳,还有很多快乐。能与女儿居住在一起,重温女儿儿时一家人在一起的亲情,很多父母会很满足。老人都喜欢孙子辈,他们怀旧,看到孙子,就会想到自己孩子小的时候。家里的小孩也很容易跟老人产生亲密感。孩子长大以后,会跟小时候带过他的人更亲。另一方面,西西也获益了,父母虽劳累,女儿却可尽自己的孝心,孝心是中国人内心的结。看到你们儿孙绕膝,东东很难不顾影自怜,盼望父母前来之心自然戚戚。

| 子木夫人 |

　　子木先生完全站在男性的立场上了，这也难怪，相同的事情在我们家也曾发生过。我也说过与西西的话相似的话，子木先生也受不了。好在我们想到了办法，安排两对老人轮番度假，我父母歇息的时候，让子木先生的父母也体验两天带孩子的乐趣。但子木先生不愿意让老人们太生分，坚持隔三岔五带两对老人一起出去玩，我在家管理保姆，料理家务，倒也不错。

　　我觉得西西生气是因为心理卷入。两对亲家在电话里有些误会，西西妈妈应该先替对方想，因为这事件中应该有一个基本假设，那就是西西的公婆是善意的，对方的急迫一定是有道理的，说不定真有着急来看孙子的理由。如果先认为西西的公婆是自私的，问题就变得复杂了。

　　西西妈妈说"辛辛苦苦带了孩子一年，亲家连声'感谢'都不说，还嫌我们在这里待的时间太长"。于是西西就有怒火从心头升起，摆出鸿门宴，继而说出"他们一家人都姓自私"这样糟糕的话。如果西西是个豁达明理的人，在安抚妈妈的同时，也会淡化婆婆的原意。但西西的卷入在某种程度上导致问题扩大，形如火上浇油。

　　那么，是什么让西西变得如此性急呢？正如我对子木先生抱怨的："桃子熟了，摘桃子的人就来了。""如果在我父母带孩子的这一年里，先生对我父母格外上心，多承担一些家务，多照顾体贴两位老人，我也不会过多地考虑自己父母的利益。"这就是东东要思考的事情。

一起聊聊

西西：东东一家人太自私了。我父母辛苦地帮忙照顾孩子一整年，他们不知道感谢，竟然直接对我父母下了逐客令！

子木先生：东东怎么看待这件事？

东东：没有这个意思，这是误会。我父母不太会说话，只是想过来看一下我们的新房和孩子。我觉得这是一件可以商量的事，没想到西西生那么大的气。

子木先生：东东和东东的父母，哪一方更会让西西不满意？

西西：其实让我最不满意的是他。从孩子出生到现在，他夜里从没有起床给孩子冲过奶粉，白天也忙于工作，很少照顾孩子，根本体会不到照顾孩子这件事有多辛苦！现在孩子长大了一些，好不容易能省点心，他就急切地盼着我父母走，这不是过河拆桥吗？

东东：我觉得很奇怪，也不理解。原本我和我父母在这件事上没有任何恶意的想法，她却发火了，好像谁要把谁给挤走一样。我觉得她把事情想复杂了。

子木先生：东东认为是什么原因使西西为一件"小事情"产生这么大的情绪呢？

东东：我理解她，也理解岳父岳母。自从有了孩子，家里的生活节奏都变了，他们确实很辛苦，有点情绪也应该。

西西：我想说的是，我父母走不走，住多久，不是你父母说了算的！

子木先生：那应该谁说了算呢？要怎么说这件事比较合适呢？

西西：至少应该由我和东东商量。他可以提前问问我，能不能让我父母先回去，让他父母过来看看孩子和房子。说话总得顾及别人的感受吧？

东东：我已经和你解释过了，我父母不太会说话。

子木先生：对于公婆要来这件事，西西作为女主人和孩子的妈妈，会有哪些顾虑呢？

西西：抛开我父母的感受不谈，我主要考虑的是孩子能不能适应他父母，他们有没有精力照顾孩子？白天我和东东要上班，孩子该怎么办？如果他父母照顾不了孩子，看他还能不能摆出一副事不关己的样子？

东东：我父母年纪太大，身体不好，确实不适合看孩子。但是因此不让他们来，也不合理。所以，我才提出找保姆，我觉得这才能从根本上解决问题。

西西：问题是你能找到一个靠谱的保姆吗？真的能让人放心？我们都要为孩子考虑，而且你也应该为我考虑一下。如果换人照顾，孩子不适应，生病了，最累的不还是我？！

子木先生：在哪种情况下，西西能够接受东东的父母来家中小住？或许，东东父母来了之后，会发现西西父母把孩子照顾得很好，也觉得让西西父母照顾孩子更合适一些呢？

西西：首先他得确信我父母离开后，他和他父母真能帮忙照顾孩子，而不是把我一人累死。不过我估计，我肯定会特别累，每天要上班，回家还要看孩子，还得操心他父母的生活起居，一想到这些我就头疼！

东东：哪有这么麻烦？我也会安排的！

子木先生：东东确信如果自己父母来了，会安排好他们的生活？

东东：肯定的。我想的办法就是找一个让我们放心的保姆，重活累活请保姆帮忙干了，我父母主要帮忙看一下孩子。这其实也是为她父母做打算，等他们再来时，就不会像以前那么辛苦了。

西西：听到了吧，他只会把责任推到一个还不知道在哪儿的保姆身上！

子木先生：除了找保姆以外，东东打算让自己做些什么？

东东：我觉得这个问题要先问西西。她需要我做什么？我肯定愿意做。

西西：我对他一点信心都没有。我从没见过他照顾孩子，所以不知道他能做什么。听他说要找保姆，我更觉得他不靠谱了，这等于是打算把孩子甩给保姆。他如果坚持让他父母过来，就要先学着把孩子照顾好。

子木先生：东东愿不愿意借助这样的机会，让自己和孩子建立良好的关系，也好让父母和孩子共享天伦之乐？

东东：我觉得这个办法挺好的。我多付出点也是应该的，毕竟这是我的儿子。不过我不知道该怎么帮忙？因为处理内务不是我的强项，还是请西西把任务摆出来，我一一去做。

西西：那就要让我看到，你有帮我照顾孩子的能力。或者，可以让我父母偶尔休息几天，由你照顾孩子。再具体点，比如晚上你起来给孩子冲奶粉、换尿不湿。如果做不到，就别再谈找保姆和让你父母过来的事。总之，你要证明自己能担当起一个爸爸的角色，不然怎么能体会到我父母这一年的辛苦。

东东：我也不是不感谢老人家，只不过没特意说出来而已。

子木先生：虽然西西的父母照顾孩子很辛苦，但他们还是一直乐意在你们的家里帮忙，西西觉得还有什么原因吗？

西西：他们首先是想让我们安心工作，毕竟工作压力那么大；再有就是他们其实也很高兴，虽然很辛苦，但是既能和我在一起，又能和孩子在一起。这一年，我们的关系比以前亲近多了。

子木先生：东东的父母也同样渴望享受这份亲情吧？

东东：当然。我妈前几天打电话时，悄悄和我说，我爸想孩子想得睡不着觉。

西西：那你就得多干活。说白了，照顾孩子并不是我父母必须完成的任务，你和我才是最该照顾孩子的人。你能担当起自己的角色时，我们再说其他的。

子木先生：当大家都围着孩子时，东东会不会没什么机会表现自己？

西西：难道只有让我父母回去，东东才有干活的机会？

东东：那也是我的儿子，我当然愿意照顾，如果真的需要我帮忙，我不会袖手旁观。但我也是一个新手爸爸，想想这一年里，每当我想帮忙，哪怕是抱抱孩子的时候，都有人说我做得不对。99%都是这种状况。

西西：那行吧。要不然就尝试着让我父母放放手？比如周末时，让他们出去放松放松，我们两个一起照顾孩子，让你感受一下？

子木先生：这么说，西西是不是对接下来的生活有了一些新想法？

西西：说真的，有了孩子后，我父母一来，我和东东的关系倒是有些疏远了。现在想想，他也隐忍了挺多的。孩子越来越大，如果日后主要由我们两个照顾，我还是挺愿意的，一家三口其乐融融的多好。当然，东东要做好思想准备，这可是一场持久战。

重构你的婚姻故事

Q1：在条件允许的情况下，关于养育孩子这件事，你更愿意亲力亲为还是把主要责任交给父母？

Q2：请他／她的父母帮忙照顾孩子时，你和他／她如何相处才能让彼此愉快？

Q3：作为照顾孩子较多的一方，你是否给过他／她和孩子建立良好关系的机会？同样，作为照顾孩子较少的一方，你是否让自己做好了陪孩子成长的准备？

NO.12
爱就意味着控制吗
——儿时延续的不安会让爱变成控制

西西 | 和东东在一起时,我总感到很温暖,很踏实。
我妈妈说东东是个非常难得的孩子,
如果我们有什么矛盾,肯定是我的问题,
朋友们也众口一词地说,我跟他结婚是掉进了蜜罐儿里。
可我渐渐感到有些不对劲儿。

结婚三年来,基本上每天下班时,东东都会开车来接我。
如果我下班后和同事或朋友有活动,
他总是要详细地问清楚时间、地点、人物,
然后每隔半小时打来一个电话,要我早点回家。
同事朋友一有活动,都要开我的玩笑,现在都成了习惯,
他们虽然是善意的,但我还是有点尴尬。

公司组织周末短途旅行,东东总是不高兴,
他觉得快乐的时间要我们一起分享才有意义。
外出活动对我来说就成了一件特别有压力的事,
一到要参加活动的时候,我就会不由自主地紧张。

那天一位同事要出国留学,我们为他饯行,
吃完饭以后大家意犹未尽,又一起去 KTV 唱歌,
可能是房间里声音太大,我没有听到电话铃声,
回到家里,等待我的就是一通严厉的批判,
我被他说成了一个冷漠、不负责任、自私自利的人。
我沮丧极了!

爱一个人不就是让对方得到快乐吗?
他和朋友、同事聚会的时侯,我总是为他可以尽情放松而高兴,
我不会打电话给他,也希望他在那段时间里彻底把我忘掉。
可他为什么就不能这么想呢?

东东 | 从我们认识的那一天开始,
西西就无限信赖我,
这让我觉得我这一生都对她有不尽的责任,
宠她、呵护她、关心她,
就是我对她信任我的回报。

但有时候,她会给我冷冷的感觉,
我们在一起的时候都很好,但只要出了家门,
除非我给她打电话,否则很难得到她的音讯。
不论是我出差还是她出差,主动打电话的人肯定不是她。
有一次我去南方出差,
晚上走在落英缤纷的小道上,四周那么美,
便心想她要在身边该多好,就拨通了她的电话,
结果她好半天才接,电话那边乱糟糟的。
她在酒吧里和朋友们玩儿呢,
还很兴奋地大声问我:"你有事吗?"
两个人在一起生活,就是最亲的人,
在那一瞬间,我觉得自己和她之间存在隔膜,
难道我们只有回到家里,关起门来,才能亲密无间吗?

这样的事情越来越多,
我尝试和她谈一谈,没想到她很惊讶,
她说爱一个人就要让对方自由自在。
可我认为:
爱一个人,重要的是要担负起责任,
这份责任也包括时刻想着对方、关心对方。

| 子木先生 |

东东爱西西是因为她对他"无限信赖",因而他心中产生了"一种不尽的责任,要宠她、呵护她、关心她",怎么证明西西得到了时刻不停的呵护与关心呢?那就是西西时刻不停地感激东东。

东东为什么需要那么多感激?是因为他渴望感到自己重要,也渴望被西西需要。假如他在社会上是个不那么起眼的角色,在人际关系中也不是被关注的中心,那么他想从妻子这儿得到心理满足自然也是顺理成章的,这是婚姻的功能。

所有的爱情都不是单纯的,爱情中总存在许许多多潜在的诉求,双方的诉求如果碰巧具有互补性,婚姻这个游戏就好玩。在我看来,东东在爱情中太想扮演一个强者,但实际他很弱,他要"拯救"他的爱人,让她过上幸福的生活,体验到高尚的情感。

如果西西正好是个想依赖人的人,是想通过示弱来控制丈夫的女子,那么他们演绎出来的爱情会让全世界的人羡慕与感动。东东说:"爱一个人,重要的是要担负起责任。"其实,只有个性自由的人才有能力承担责任,不自由的人是不需要承担任何责任的。

从西西的话语中,我们可以看出,她刚开始还是喜欢这种"感激"游戏的,但后来渐渐地有些烦了。她需要一些新鲜的东西,便无意识地成了一个破坏游戏的人。想想也是,一心一意爱着她的东东得不到正面回馈时,他的爱也失去了意义,这怎能不叫人感到挫败与沮丧呢？

| 子木夫人 |

　　东东、西西的坦诚，让我们读懂了他们对情爱的释义，也读懂了他们所说的每个字背后掩藏的期待、情感与潜意识。让我惊讶的是，西西把东东对她的爱与抱怨看成一种心理负担。一个人深爱另一个人的时候会紧闭眼睛，否认时间、空间、现实的存在，否认情感与生命有限，生怕睁开眼睛后，一切温馨都已不在。东东正是这样一个闭着眼睛享受爱情的人。

　　我怎么理解西西感觉到的那种情感压力呢？爱是一种控制，爱需要这种控制吗？回答是肯定的。身处爱情中的人需要放弃一些自我的权力和边界，才能做到你中有我，我中有你。

　　如果我是西西，子木先生天天抱怨我，我心里会有什么感觉呢？首先会是暖暖的，然后会知道他需要我，需要我和他分享我的感觉。如果他喜欢为我担心，我就让他担心一下，让他为可以帮助我而感到满足。如果他喜欢分享我的快乐，我就告诉他我的快乐，让他觉得随时都可以共情我的感受。

　　我觉得西西的内心少了对亲密的容许度，爱的确是一种有侵略性的情感，她还没有足够的力量抵御外来的影响，保持身心完整。所以她要把自己的一些部分从东东的意识中分离出去，这就意味着他们之间会产生距离。有距离,她才能自由呼吸。真正的问题是西西对丈夫的爱缺乏认同与信任,每一次对亲密的负面反馈都加重了东东心中的不安,这种不安又让东东增强了对关系的控制,他渴望增加他们之间的亲密度,问题就这样形成了。

一起聊聊

西西：东东总认为我们的快乐必须建立在共同的基础上，要一起分享。当我不和他在一起时，他会觉得我失控了。

东东：她倒是从不问我的去向。但我认为，既然是夫妻，就应该时刻保持关联。我即使玩得再开心，也会记着告诉她我在做什么，但她一玩起来就会处于失联状态，根本不在乎我的想法和感受。

子木先生：听起来，东东觉得西西常常处于一种失联的状态中，好像是个丝毫不关心自己感受的妻子？

西西：他说得有点夸张。

子木先生：那么西西是如何关心东东的呢？

西西：我一直很信任他，所以我觉得他也可以信任我，而不是天天盯着我。

子木先生：在充分信任东东的前提下，西西用什么方式来表达自己对东东的关心呢？

西西：关心？这个……我觉得自己没有太多机会表达对他的关心，因为一直都是他在表达对我的关心。他没完没了地打电话来表达关心，直到把我搞烦。我身边的人都听到过他打来的查岗电话，都觉得他对我关心过度。

子木先生：是所有人都认为他对你关心过度，还是有不同的声音？

西西：我身边的朋友都说，一般是男性被女性查岗，我家却反过来了。他们觉得东东对我呵护有加，但也会开玩笑地说他关心得有点过了，认为我好像失去了自由。

东东：可事实上，有时我甚至联系不上她。

子木先生：东东曾经和西西失联过吗？

东东：有过，并且这样的时候越来越多，让我觉得问题越来越严重。

子木先生：你在联系不上西西的时候在想什么？

东东：我会很失落和着急，觉得我们的距离变得非常遥远。她在做她"自己"时，不会想到我，这让我觉得我们不再是"我们"了，我似乎变成了一个和她不相关的人。而对她来讲，我打电话关心一下，就是一种控制，打扰了她的自由。

西西：事实上是干扰。我知道他很爱我，但是一点个人空间都不给我的爱让我窒息。他似乎不能接受我和别人在一起时的快乐。我想不明白，难道相爱的两个人必须捆绑在二人世界中吗？

子木先生：你们恋爱时，东东也是这样对待西西的吗？西西当时是什么感受？

西西：他确实从一开始就是这样的。那时，我会感到很温暖、踏实，对他特别信任。我身边的闺密和其他朋友也都很羡慕我，觉得他对我很好。但他们没想过冰激凌再好吃，吃多了也会腻。结婚已经三年,他每天都这样对我,让人心烦。我希望适度吧,两人之间要相互信任,可以打电话,但不要过于频繁。

子木先生:西西觉得,东东以什么样的频率给你打电话比较合适?

西西:比如在一天中,我和他说了自己在做什么后,就不要再打了,但是在通常情况下,他还会没完没了地打。

子木先生:没完没了?听起来东东有很多空闲时间?

东东:哪儿有那么夸张!主要是在她下班以后或者晚上。如果没有她的消息,我会很着急、很担心,不知道她有没有生命危险,会不会遇到什么意外。总之,打电话是因为担心她。

子木先生:电话追踪的结果往往是什么样的?

东东:她会和我吵起来,闹得挺不愉快的。

子木先生:所以当东东给西西打电话表达问候和关心时,西西是不高兴的?

东东:对,她很不满意,常常为此生气。

子木先生:你担心的是她在外面的安全,但是在你做出善意的行为后,她似乎产生了一些不快的情绪,这对确保她的安全有帮助吗?

东东:我觉得算是一种提醒吧。但是也可能不那么有价值,或许还有些负作用?

子木先生:你想到的"安全",包不包括你自己内心的安全?

东东：也许吧。其实她和别人在一起时，我都会有些担心。她还是挺有魅力的，性格开朗、比较漂亮，这些都会让我隐隐地担心。如果她每次都能主动告诉我她在哪儿，和谁在一起，我可能会安心一些。

子木先生：东东如果明确地知道某个时间段内，西西都在忙一件事，不方便和自己联系，还会产生焦虑吗？

东东：不知道。我这样在意她，可能是希望她也同样在意我。每次她和别人出去玩时，我就更有想给她打电话的冲动。也许我觉得她在那一刻并不需要我，所以心里会有些不舒服吧。我觉得我们在婚姻里都需要把对方放在最重要的位置上。

子木先生：这是你的需要，还是西西的需要？

东东：目前看，是我的需要。

西西：我觉得这是基本的信任问题。他如果信任我，就不会那么抓狂。

子木先生：是不是向对方传达的信息越准确，越不容易使对方抓狂呢？假如西西主动和东东说明自己在外面的情形，东东打电话查岗的频率会不会降低呢？

西西：也许会吧，但我不想这样做。我不想和朋友们在一起时，还要惦记他会怎么想。

子木先生：西西不愿意让东东知道自己的具体行踪，可不可能是为了让东东多为自己担心一些，多给自己打几个电话？

西西：啊？有这种可能吗？

东东：我觉得西西有点不知足。现在多少女人担心自己的老公出轨，而我一直这么专一，鞍前马后地陪着她，她反而嫌我太黏人。我感觉她在刻意拉开我们之间的距离。

西西：在你不停打电话时，我真想和你拉开距离。不过平时在一起时，我还是感觉挺幸福的。也许这就是人性的多面性吧，和朋友们在一起时会感受到另一种快乐，与和你在一起时不一样。我其实也希望你能在属于自己的空间里自由活动，那样的话，你也许就能理解我现在的心情了。

子木先生：东东怎么看待西西说，和你在一起时很开心，和朋友在一起时也很快乐？

东东：一方面我为她开心，另一方面我会感到隐隐的失落。也许她是我的全部，而我只是她的一部分吧。当然，我承认，她开朗活泼、喜欢交友的性格，也是当初吸引我的原因。也许问题不在她身上，是我自己安全感不足吧。

子木先生：当东东说，对西西的关注更多的是出于在意和自己缺少安全感时，西西有什么感觉？

西西：听到他说是自己的安全感问题时，我忽然有点心疼。记得他以前说过，他爸妈在他小的时候常常不在家，把他一个人锁在家里，不知道会不会对他产生了一些不好的影响？不管怎样，也许我应该多理解他，我愿意试一下。不过我也想请他知道，给我一些自由，才是对我的尊重和爱。

子木先生：东东听西西这样说，有什么想法？

东东：小时候的事对我造成的影响，可能不是几句话能说清的，但是西西希望我用给她一些自由的方式，来表达对她的爱，我接收到了。为了我们的家，我以后会努力调整一下。

重构你的婚姻故事

Q1：爱的表达方式有很多种，你在用他/她需要的方式表达吗？

Q2：如果他/她的爱和关心让你感到不快、有压力，你会体谅他/她的好意，选择主动和他沟通、解决问题吗？

Q3：你会通过反思自己的成长经历，看到当前的婚姻生活中存在一些有待改善的模式吗？

PART 3

N 种争斗

婚姻像生命一样,
在不同的阶段会呈现出不同的样子,
肯定酸甜苦辣都要经历,
从冲突与烦恼中,
我们会获得滋养,获得情爱的智慧。

NO.13
对方为什么总胳膊肘往外拐
——任何人的包容都有限度

西西 | 他胳膊肘往外拐的毛病，我在结婚前还没怎么发现，
结婚几个月来，这个问题越来越明显了，
连着发生两件这样的事，气得我跟他彻底冷战。
我经常会想，他跟我哪还是亲人啊？

第一件是我工作中的事。
我前一段在工作中出了些状况，工资被扣了不少，
扣钱本身也没什么，
问题在于公司这样做到底公不公平？制度到底合不合理？
我回家跟他说起这件事，本来就是想要个安慰。
结果，反被他教训了一顿，真让我沮丧！
他先说扣就扣了无所谓，
我说你怎么这么说话，那可是我的工作报酬啊，
我把多少时间、精力都搭进去了，他们怎么能这样对待员工？
他说，那已经扣了，你生气不是自己折磨自己吗？
再说了，人家扣你的钱，肯定也有人家的道理，
你自己长个教训，找找自己的问题出在哪儿。
他这一番话让我郁闷了一晚上！

第二天，他陪我去银行办业务。
我想先找柜台里的服务小姐咨询一下，
人家正忙着和同事聊天，头都不抬一下。
我又问了两次，她仍然不理我，还跟同事聊天。
我就有些不高兴，大声说：怎么回事啊？
你能不能腾出点工夫听我说话？
他却在旁边拉我胳膊说："你干吗呀？处处跟人较劲！"
这可好，那位小姐抬起头来说："连你老公都觉得你火气太大了吧！"
出了银行，我就眼泪汪汪的，
新仇旧恨一起算，跟他大吵了一架。
我真不明白他干吗总向着别人，挑我的不是？
我们之间哪还有亲密可言？

东东 | 在她眼里，我说话总不向着她。
可她说这两件事的时候，
站在非常主观的位置上，
表达的全是她的主观意见，
而我只能说她爱听的，要夸着她、哄着她才行。
想要让她接受我的观点，真是比唐僧取经还难。

她那个公司本来就不是特别规范，
经常巧立名目克扣员工工资。
这她又不是不知道，
只不过以前没扣过她的罢了。
当时她去的时侯，我就劝过她不要去，
要去呢，也要做好适应那个环境的准备。
那种老板说了算的小公司里的游戏规则通常是，
要么委曲求全，要么不干。
没必要抱怨，也没必要觉得心理不平衡，
追问公不公平，没有任何意义，
老板根本就没给她质问公司公不公平的资格。

再说在银行里发生的那件事情，
她应该具备应对这种情况的能力和常识。
可她非要觉得自己被冒犯了，跟人家较劲，
搞得自己很不愉快，还迁怒于我。
哪有这种必要啊？

| 子木先生 |

看起来西西的确有些让人头痛,她生气时你也得跟着着急。这让我想起在某个故事里,国王是绝对正确的,国王打个喷嚏、摔个跟头,臣子们也得跟着打喷嚏、摔跟头。故事看起来荒谬,其实也是有寓意的。如果东东跟着着急,哪怕是装着急,也会让西西得到解脱。西西不再尴尬,心情好转,幽默感就会出来了,在银行的事情反倒好解决。东东的火上浇油实际上是在顾及自己的面子,妻子是男人的名片,要求妻子端庄得体是男人的一种集体无意识。

不过,感觉西西如果一个人在外办事,火气会小很多。妻子对别人发怒有时是指向先生的,心理学称为"迁怒"。妻子对丈夫不满,会故意对别人挑剔,让丈夫看到、知道自己的情绪。如果丈夫来帮忙,妻子很可能会微笑着消气,对迁怒的人生出几分歉意;如果先生装聋作哑,妻子的火就难以克制,她很可能会将错就错,事情就变得一发不可收拾。东东如果又要面子,又希望帮助妻子,最好请西西歇一歇,自己去和银行员工交涉。可惜,东东是个空谈家,而非实干家,西西一肚子火气,难免朝东东发脾气。

| 子木夫人 |

我们不能对西西那么挑剔。从旁观者的角度,一眼就可以看出,

西西的情绪急需发泄,她在找碴儿迁怒于东东。这种迁怒实际上是一种情绪转移,把对老板的愤怒转移到丈夫身上。原因很简单,对老板生气是不妥当的,除非你不想干了。对丈夫生气或对银行职员生气似乎是可以的,丈夫是自己的丈夫,发发脾气无妨,银行职员呢,又和自己关系不大,对他们撒气好像对自己没什么影响。

在婚姻关系的逻辑里,东东的回应虽然有些僵硬,但成功地把西西压抑的愤怒激发出来了,等于给了西西一个释放情绪的机会,从客观的角度看,西西得到了帮助。女人和女人不一样,有的女人受了委屈只需要爱人的肩膀,靠着哭就可以了,但有的女人需要爱人伸出胳膊供她张口咬,让她发狠。西西可能是有些攻击性的女人,面对有攻击性的妻子时,丈夫应该时不时地犯点小毛病,让妻子把攻击性通过合理的伪装释放出来,以免她压抑太久,造成偏头疼、失眠、胃痛、血压高等躯体的内伤。

当然,千万不要质疑妻子生气的合理性,这样会引发对方内心的不协调,易让对方形成类似抑郁的情绪。聪明的丈夫一般都会认个小错,保证下不为例也就够了。夫妻经常要"打的愿打,挨的愿挨",这是一种彼此适应的关系,婚姻里没有绝对的对错,只有配合。不过,东东主动去认个错,还西西一份心理平衡,不一定会天下太平,也许会让西西的情绪变得更糟,因为西西需要发泄,不需要抚慰。

一起聊聊

西西：我先生是个典型的"胳膊肘往外拐"的人，最近发生的这两件事让我特别愤怒。

子木先生：东东是怎么看待这些事的？

东东：我觉得自己这样做是出于想保护她的目的。她已是成人了，为一些事纠结和生气是没有意义的。比如扣工资那件事，她的公司本来就没那么正规，她早该有心理预期，而不是一直抱怨。

子木先生：西西抱怨是为了邀请东东来帮自己的忙吗？

东东：肯定要解决问题啊！那种状态对她真的不好。我是想帮她改变心态，更理性地对待问题。

子木先生：假如东东要放弃这个帮助者的角色，扮演一个贴心爱人的角色，那么当西西需要安慰时，东东会怎么做呢？

西西：您的这个角度很对。我并不需要东东教育我，我只需要他理解我，站在我这边，让我觉得有人和我在同一阵营。

东东：那我就得进入到她的情绪里？然后我们一起发疯？一起跟人家吵起来？

西西：老师您看，东东就是这样么奇怪，只会想到吵起来后会怎样。他要是能先认可一下我的愤怒，再说其他的，我可能会好受一点。在银行时,他和那里的人一起指责我,不是明摆着站在他们那边吗?

子木先生:东东相信西西是个有理智的人吗?

东东:她当然有理智,但是她偶尔会失去理智。

子木先生:东东,你会担忧假如你不劝西西,不阻止她,她可能会做出更疯狂的行为吗?

东东:应该不会吧……我主要是担心她遇到麻烦啊!

西西:我觉得他并不是担心我和别人的矛盾升级,而是为了维护他自己的面子,好像我和别人发生冲突会让他很没面子似的。他当着外人训斥我,更能彰显出我的冲动和他的理性。所以,如果说我的行为不够成熟,他和我一样不成熟。

子木先生:如果没有东东给西西的建议,西西是否有独自处理问题的能力呢?

东东:我当然明白她和我聊那些事时,不见得是需要我出主意,只需要我听听就行了。但是,因为我们的关系亲密,我可能不自觉地跟着她着急上火,话就说出来了。我也知道如果我不在场,她也能处理吧。也许是我有些焦虑了,总是担心她会给自己惹麻烦。

西西:相对于他和外人一起来教训我,我宁肯他和我一起跟外人吵一架,这样至少让我觉得自己的背后有个支持我的人。至于烂摊子怎么收拾,我们可以一起想办法。

子木先生:假设每次西西和别人有了冲突,东东都是第一时间给予支持、安慰,西西的感受会有什么不同?

西西:那就太难得了。哪怕他用一个眼神或是一句话,让我感觉到他在意我、心疼我,我都会平静很多。都说家是避风港,如果他能支持我,也许外面的烦恼就不是烦恼了,但现在恰恰相反,反而是他给了我更多的烦恼。每次他教训我时,我都觉得自己很差劲。

东东:我其实知道自己应该支持她,但是我始终有点担心,如果我总支持她,会不会给她惯出毛病?让她变得更任性和没边儿?那肯定不是我想要的。

子木先生:如果西西本来是有理性的人,但恰恰由于东东长期的提醒、劝告,这种理性反而减弱了,导致她更加任性,那么东东会怎样看待自己的行为?

西西:你难道认为,我已经无法管理自己了,必须靠你劝阻才行?

东东:也对,西西的"戏份"应该还给她自己。我应该相信她也是有理性的人,能搞定自己的麻烦。如果撞墙了,她感受到疼,自己会回头。不然我一直拦着,她使劲地挣脱出去,可能会出更大的问题。这和管孩子是一个道理,对吧?

子木先生:西西在外面受了委屈时,愿意回家向东东倾诉,释放自己的情绪,这是否意味着对西西来说,东东是让自己感觉安全的?

西西:是的,我愿意向他倾诉不快,是因为他是我的家人。但我只想倾诉，并不需要他太多的评价、指点，尤其不想听到他指责我。

子木先生：有时候，我们和对方不停地说一些糟糕的事，难免会给对方造成误解。比如对方会误以为婚姻给你造成了压力，"是不是因为和我在一起，你才感受到这么多压力和不满？"又或者他会以为你在邀请他帮助你解决问题。对西西来说，如果用时间量化，你觉得这种只需要东东倾听的倾诉一般持续几分钟比较合适呢？

西西：十分钟以内吧。

子木先生：现在东东知道了，西西十分钟以内的抱怨，只需要你的倾听。如果这样，事情是否会变得简单些？

东东：话一开了头，谁知道是多久啊！她也不可能预演一遍，或者每次都说"我要说十分钟"。

子木先生：设想一下这样的场景，你可以看着表说："你现在开始了吗？"

西西：哈哈，那我会不会更生气？就听我说这一会儿话，他还要看着表？这不是给我压力吗，会让我觉得他不是无条件地包容我。

东东：我倒觉得任何人的爱和包容都是有条件和限度的。如果每次真的只需要十分钟，那我会尽量倾听和支持，耐心地消解她受到的伤害。但是如果每天都活在抱怨的阴影下，说不定我不仅没办法支持她，反而自己抑郁了。

子木先生：听了东东的话，西西现在有什么想法？

西西：好吧,他说得也有道理。我也不能要求他一味地容忍我,也得学会克制自己的情绪。我可不想让我们的生活中全是抱怨和冷战。

东东：我突然有点理解刚才说的十分钟的概念了,是将这个问题游戏化对吧?反正就十分钟嘛,不用拿表计算,但是这个时间概念忽然留在我的头脑中了。把让人发愁的事游戏化,生活也许会更有趣一些,我的耐力也会增强些。

西西：就是说我们设置一个共同的情绪缓冲区?

东东：对,这样我既不会担心西西无限度地抱怨,又能够帮助她释放情绪,还能让她了解到我对她的关心。

重构你的婚姻故事

Q1：当他 / 她在外面受了委屈，需要安慰时，作为贴心爱人的你会怎么做呢？

Q2：当你向他 / 她倾诉并释放自己的不良情绪时，是否会对他 / 她的倾听和陪伴心存感激？

Q3：当你免不了抱怨，又不想给对方造成不快时，你和他 / 她是否讨论过应对方法？比如在两人之间建立一个与抱怨的时长、方式有关的缓冲区？

NO.14
曾经的好脾气怎么变坏了
——把控制自身情绪的权利留给自己

西西 | 人怎么能变得完全没有过去的踪影呢?
十年前相识的时候,他是一个阳光般温暖的男孩子。
恋爱三年,我们没有吵过一次架。
我会任性,乱发脾气,
但事情一到他那里就全化解了。
我妈对他的评价是"难得的好孩子,有难得的好脾气"。

"难得的好孩子"这两年变成了一个脾气暴躁的男人,
怒火来得快,而且越来越没有理由,
有时他说着说着,就火了,能量大、嗓门高。
接下来,就是满地狼藉。
我们住在他单位的宿舍楼里,他发脾气倒是不见外,
可回回他发疯,我都羞愧得没脸见人。

这次更恶劣,我都不知道怎么了,
他随手就朝我扔了一瓶眼药水,
然后"砰"地关上门,就走了。
看着落在我脚边的那个橙红色眼药水瓶,
我觉得我受够了。
这是第几次了呢?
反正一会儿他就回来了,
他会跟我道歉,说他不该发脾气,
不该乱摔东西,不该大声怒吼。
至于到底是为了什么事情,我们都会有点想不起来了,
其实不过是些鸡毛蒜皮的小事。

我有点怕,
这样的情况还会不会愈演愈烈?
他是有什么病吗?
最严重的是,我居然用十年还不能了解一个人。
我太失败了!

东东 | 一出门我就后悔了，我生自己的气，
怎么年龄越大反而越控制不住自己？
这是个恶性循环。

以前，我最讨厌我爸发脾气，
可现在我发现，我越来越像他了，
这是遗传吗？

她说，"无能的人才会发脾气"。
我现在就是那个无能的人，
我对她无能为力。

结婚这么多年，我和她都变了，
那时候的她天真快乐，是个小姑娘，
我说什么她都相信，
虽然她任性脾气坏，但那是在冲我撒娇。

现在，她有了自己的主意，但是依然任性，
结果成了一个尖刻的人。
她越来越不能听我把话讲完，
我一开个头，
她就立即反驳，把我噎得够呛，
她成了一个永远只提破坏性建议的人，
让我觉得生活真没意思，没劲！

也许我应该学会沉默，
快到中年了，我得沉稳一些。
可那个已经不再是小姑娘的她怎么想呢？
我怎么告诉她，她也有点不可爱了？

| 子木先生 |

婚姻关系是世界上最难经营的关系，因为它比其他所有人际关系都来得亲密，人们也要求它比其他人际关系更长久。维持这种关系的方法有两种：一是相似，二是互补。

婚姻中的男女时时刻刻都像彼此的镜子，互相对照，慢慢地变得性情一致，兴趣一致，行为一致，生活习惯一致，甚至神态长相也一致。这样的过程可能很漫长，如水滴石穿一般，在不知不觉中潜移默化地影响两个人。终有一天，两个人像两滴水珠那样难分彼此，合在一起，你中有我，我中有你。

互补让两个人在婚姻中嵌合：你急性，我慢性；你活泼，我沉稳；你依赖，我独立；你犯懒，我积极；你做饭，我洗衣……两个人加起来才是一个整体，谁离了谁都不行。

难得的好孩子东东变了脾气，隐含了一个很重要的信息，他不能再容忍西西的尖刻任性。好孩子在别人面前可能一点没变，仍旧是个好脾气的人。西西的任性与东东的好脾气（谦让）有很大的关系，但也可以说，西西造就了坏脾气的东东。东东前几年为什么会那么"好"？有两种潜在的可能。

第一种可能是东东没有能力进行情绪性对抗，或者天性就讨厌争吵，东东脾气好的本质是对关系逃避，脸上的微笑可能掩盖着内心的不满与压抑，天长日久，这种压抑变成愤怒，愤怒给予他生气的力量。由于他缺乏处理情绪的能力,所以他一生气,行为就有些过度,过度的行为引发他的内疚感,甚至罪恶感,于是他道歉并又回到压抑的状态。

第二种可能是当一个男人对婚姻没有信心的时候,会下意识地希望妻子变得"糟"一点,于是他无意识地放任妻子,让她越来越不近人情,尖酸刻薄,自以为是。当妻子从自我内心的圣坛上跌落时,男人有了对婚姻的安全感。

| 子木夫人 |

多少同意你的"相似理论",我觉得夫妻间生气、争吵、发生冲突对婚姻关系有一种催化作用,会让两个人走上和顺的路。

我个人觉得东东要对他们之间的问题负主要责任,他不该让权,无原则地迁就对方,以至于让对方迷失了婚姻的方向。我们都知道婚姻的前三年是最重要的磨合期,如果不喜欢西西的个性,他应该及时表达出来,至少要使用消退技术,让西西感觉到她一旦任性尖刻,丈夫就变得不快乐,婚姻就不好玩。现在,西西越来越尖刻的时候东东突然大转变,变得有点"胡作非为",这就让事态发展得难以收拾了。所以我比较赞同你说的第一种可能,东东缺乏在婚姻中平等交流的能力。

心理学认为婚姻冲突存在两种升级模式:一是对冲性升级,你强我比你更强；二是补偿性升级，你越弱我越强。两种冲突都是家庭暴力的根源。

东东在冲突中采用了"暂停"技术，摔门离去和回来道歉（认输）可以使一次冲突停止。西西不满的是东东摔门离去使她失去了一个让她施展才能的对手，或者她没有彻底地制服对方。在这一点上，东东还算一个聪明的男子，而西西却是个糊涂蛋。东东的性子变了，不再是人见人爱的"南郭先生"，西西也必须有相应的改变，不要再想扮演那条"蛇"。自尊是男子最在意的，唠叨是男人最讨厌的，面子一定要给丈夫留着，一个没脸的男人什么事都干得出来。

一起聊聊

西西：东东以前是个性格温和的人，但这两年脾气越来越暴躁，我们频繁地吵架，简直让人无法忍受。

子木先生：东东怎么看待西西说的这个问题？你也认为是这样吗？

东东：确实，这几年我的脾气越来越不好。其实我也经常反省，但是好像很无力。年龄虽然增长了，对脾气的控制力却越来越差。我们的关系因此很紧张。

子木先生：这是造成你们关系紧张的唯一原因吗？

西西：差不多是。当然我知道，我也有点任性和小脾气，正是因为感觉他的脾气比我好，能包容我，我才嫁给他，谁想到现在他的脾气比我还差，情绪一上来，不是摔打东西，就是大声嚷嚷。

子木先生：东东的脾气变差后，西西有什么变化吗？

西西：以前我觉得自己任性，现在反转了，怕他发脾气，我反倒克制许多。

子木先生：东东总是这样吗？还是说只在某些时候脾气才会暴躁？

西西：没什么特别的原因。我也不知道自己说了什么或做了什么，他就突然爆发了。

子木先生：假如说，东东为自己发脾气找一个理由，它会是什么？

东东：现在的这种状态，我认为和她有很大关系。以前我说什么她都信，凡事都好商量，但现在她的主观意志越来越强，我常常被她的话噎在那儿，然后情绪就会失控。另外我爸的脾气也不太好，随着年龄增长，我越来越担心自己会遗传他的坏脾气。

西西：刚结婚时，我确实挺佩服他的，家里的大小事儿都由他说了算。但这些年过去，我也成长了，肯定和以前不同，也有自己的想法。他不仅不欣赏我的变化，反而认为我失控了，这也是他对我不满的原因。他也知道自己发脾气没什么道理，所以过后会马上道歉，但是下一次还会这样。轻易道歉的人是没诚意的，我已经受够了。

子木先生：吵架、和好这样的过程，是你们生活中很重要的一部分吗？

西西：这种情形的确很多，我们家的氛围挺压抑的。

东东：从我个人的角度讲，我知道这种循环不好，但是不知道怎么改变。从她的角度讲，我感觉她也无能为力。

子木先生：你们希望在以后的生活中，用什么样的方式相处？

西西：我希望他不要随便发脾气，像以前一样凡事好商量。

东东：想法很好，但我现在没信心做到，毕竟她也不是以前的样子了。

子木先生：听起来你们似乎都怀念原来的状态，但其实，婚姻处在不断变化中，对吗？让我们做一个假设，如果十年后你们相处得更融洽、和谐，今天的争吵对你们的婚姻有什么意义？

东东：如果能继续走到十年后，现在的冲突可能就是反映我们身上的不足。现在最大的问题是她对我不太尊重，一开口就是破坏性的。不过，话虽这样说，但我突然意识到，可能我对她也缺少尊重，已经习惯了让她事事听我的，我好像也没好好地听她在讲什么。

西西：从结婚到现在，我已有了很多变化。别人都觉得我更优秀了，但是他们再多的欣赏也抵不了东东对我的肯定。可东东总是把我定位为原来那个温柔、顺从的小女孩，没看见我的变化，难道他的包容和好脾气只能停留在我年轻幼稚的时候？

子木先生：西西曾经看到的好脾气的那部分东东也许并没消失，依然存在着，只是随着时间的流逝和西西自己的成长，西西又看到了发脾气的那部分东东，会是这样吗？想一想在某些状态下，不发脾气的那部分东东是否会更容易呈现？

西西：这两部分可能都属于他。也许我该多看看完整的他吧。当我耐心地听他说一些事，尽量给他一些支持时，他基本可以不发脾气，但是我很累或是心烦时，就做不到了。

东东：每个人都有累和心烦的时候，这个避免不了。也许我们应该挑选彼此心情好时，去聊一些不太愉快的事，这可能也是个技巧吧。

子木先生：东东心情的好坏，会告诉西西吗？

东东：现在确实很少告诉她。其实不用说，她应该都知道。

西西：我为什么会知道？

东东：啊？

西西：我并不知道，所以我才认为东东在莫名其妙地发脾气。

子木先生：东东心情不好，应该不全是西西导致的吧？

东东：当然不是，也源于我自己，可能更多地源于对自己发展现状的不满。我也曾认真想过，如果我发展得好一些，是否会像以前一样包容她？

子木先生：即便东东对自己有很多不满，对西西常常发脾气，西西也仍旧在东东身边陪伴着？

东东：是的。听您这么一说，我挺受触动的。我和她走到一起的初心，是想给她好的生活，所以当自己没达到理想状况时，心里会有些懊恼。如果恰好赶上我们在聊一些敏感话题，我就会打开对自己的不满。其实如果此时，她能像以前一样温柔地对我表示理解，我会感觉好一些，但是现在我听到的往往是指责，我心里的火立刻就被点着了。

子木先生：听起来，东东似乎完全无法控制自己的脾气，把决定自己情绪好坏的权利交给了西西。你真的决定把这份权利交给西西吗？西西愿意享有这份权利吗？当然，西西也可能清楚地知道，怎样配合能轻而易举地把东东心里的火点起来。

东东：确实，我的注意力全在她身上，把情绪管理的决定权推给她了。这样一说，我似乎产生了一种自主感，似乎对自己的情绪也不是完全无能为力的，现在我有些意识到原来的想法对西西并不公平。

西西：我当然希望他能控制好自己的情绪。我不愿他发脾气，很伤身体。刚才东东谈了那么多，我想我的状况也差不多，一直把注意力放在希望他对我多一些认可和包容上，没体会到他其实也需要我安慰。这也许是我该反思的。

子木先生：这样看来，结婚多年后仍有争吵的婚姻，未必不能成为更好的婚姻。也许争吵会是我们重新检视自己和婚姻的好机会。

东东：是，这也是一种家庭关系共建吧。仔细想想，也怪我自己主动表达得不够多。我应该让她知道，我现在常发脾气，更多的是出于对自己的不满意。如果她知道这一点，也许会从理解我，甚至体谅我的角度和我相处。

西西：人在变，婚姻也在变，也许我们可以重新相知的。

重构你的婚姻故事

Q1：总有一些时刻，不发脾气的那部分他/她会更容易显现。回忆一下那些时刻，感受它们，并想想自己受到了什么样的启发？

Q2：你愿意把决定自己情绪好坏的权利交给他/她吗？他/她愿意享有这份权利吗？

Q3：结婚多年后仍有争吵的婚姻，未必不会成为更好的婚姻，争吵也许是重新检视自己和婚姻的好时机。想想看，争吵和冲突背后的期待是什么？

No.15
对方向你求教是想让你说是非对错吗

——求教是假，想要陪伴是真

西西 | 再让你教我开车,我就跟你姓!
冲老公甩下这句话,我就愤然下车了。

真没想到让老公教开车我会这么生气。
看他那一本正经的脸色,比教练还苛刻,
在他眼里,
我就没有做得对的地方,
好像我在教练那儿完全白学了一场,还浪费了钱。

真是岂有此理!
让他教,他还真得志便猖狂。
哼!
没你我还开不了车啦,
这辆车的一半产权还归我呢!

他还说我笨,
我笨?
做智商测试,我得分比他高。
我们公司的老刘开车好几年了,
这两天中午,人家抽空带我开车,
直夸我开得不错。

可他教我的时候,连人家老刘那样的耐心都没有。
那么厉害,那么不客气,
真是让我心寒得很。

东东 | 买了新车,
我们都高高兴兴的。
没想到,
我教她开车,换来的却是满心沮丧。
她泪流满面地夺车门而出,
肯定没听到我对她说 ——
你面对我时的虚心都不到跟教练学车时的一半。

开车这事应当严肃认真,不能闹着玩。
毕竟事关生命安全,
我希望她能认真提高自己的驾驶技术。
可她倒好,
我说一句,她能反过来训我十句。
嫌我说话声音太高了,嫌我态度不好,
嫌我反应太慢了,嫌我没快速回答她的问题……
简直不知道我们俩谁在教谁开车,
这哪是学习的态度?!

教练教车时比我严厉得多。
她怎么那么听话?
怎么换了我,
就得一边教她,一边照顾她的情绪?
她知不知道我的大脑和身体一样紧张,
她知不知道我有多累?

什么时候她能分清场合、时间,
不再耍小姐脾气?
唉,永远不能!

| 子木先生 |

开车是一种自我控制体验。自古便有文如其人之说，我觉得更应该有车如其人。车象征自我，开车的技术正好对应做人的技术。一个开车莽撞的人，做人也仔细不到哪儿去。指导一个人如何开车，意味着指导一个人如何做人，不能以自己的好恶为主，要以对方的性格为主。西西的愤怒是可以理解的，东东批评她的开车方式无疑是在指责她的人品。

当然，责任仍然在西西，她把内心需要和现实需要搞混了，要东东教她驾车也许只是虚晃一枪，骨子里希望得到的是丈夫的认同。可怜的东东竟把西西的求教当真，俨然做起教练来。

刚开始驾车的人缺少安全感，正如小时候离开父母，没有安全感的孩子一样，需要温柔的鼓励和适当的奖励。东东应该帮助西西在安全需要和现实需要中找到一个平衡点，横挑鼻子竖挑眼不仅不能帮她建立安全感，还会让她失去驾车的快乐。东东教西西驾车时，如果能多多称赞、小心提醒，结果肯定不一样。

西西的情绪反应值得分析，家庭琐事是夫妻关系的映照，隐藏着权力的竞争。人们以为夫妻之间是不计较的，其实夫妻之间不计较是假的，事事上纲上线才是真的。我们对外人的期待很低，得到赞扬时会喜出望外；我们对另一半的期待很高，受到一点点批评也会刺骨锥心。我猜想西西可能一直在为婚姻中的某些事烦心，东东可能不是能够轻易认同别人的人。驾车的事像一根导火线一样点燃了西西内心的积怨，不然她也不会把话说得那么绝情。

| 子木夫人 |

的确，东东说话的方式有些高高在上，仿佛自己做这做那都是为对方好。夫妻之间最好不要涉及是非对错，两个人的关系是平等的，语言就应该客观，不能只以某一个人为中心。让东东教自己开车体现了西西在潜意识中认为她和东东是很亲密的，西西渴望得到丈夫的关怀、呵护和亲近，东东却以他做人的原则要求她，这在无意识中让西西感受到了挫败。表面上看，东东是对妻子的生命负责，其实不然。他在或多或少地利用"情景"发泄对妻子的不满与不信任，难怪可怜的西西会生气。在两个人的空间里，任何互动行为都可能有调情的成分，哪怕是学开车这种可能遇到危险的行为，都要以默契和努力让对方愉悦为第一原则。

我同意开车如同做人，各有各的准则。不过，看这两口子开车时的互动，我们就可以料想到，这对夫妻有不少个性冲突。西西也许是个随性的人，有自由的精神，对新事物感兴趣，偶尔会有冒险的冲动。而东东的特点是认真、一本正经，做事有原则、一板一眼。在婚姻里面，男人越有原则，女人越容易胡搅蛮缠，这是相对应的。如果想要女人不要小姐脾气，男人也要少些大男子主义，先要变得感性一些。当两个人之间的感性成分稍微变多时,理性成分就会抬头,那时,女人可能反倒会变成爱讲道理的人。

一起聊聊

西西：他教我开车时，比教练还严厉，我特别受不了。

东东：教练教她的时候，也不会照顾她的情绪啊。我又得教开车，还得照顾情绪，实在太难了。

子木先生：我们可以先讨论一下，为什么我们总能虚心接受外人的意见和建议，却难以在亲近的人提出建议后心平气和呢？

东东：我觉得是她的要求太高。既然让我教，就说明自己的水平不够，她不但不虚心接受建议，还要让我说好话哄着，哪有这种道理？

西西：如果是建议，我能接受，但要看是怎样表达的。他教我开车时，一点耐心都没有，说话很不客气，害得我被他打击得一点信心都没有。其实平时他常这样打击我，只不过在教我开车时又借题发挥了一下。难道在他眼里，我就那么笨？一无是处？

子木先生：西西在请东东教自己开车时，希望身边坐的是爱人还是教练？

东东：我的第一反应是自己是个教练，但好像不完全是这样。

西西：和他在一起，我当然希望他首先是爱人！希望他能坐在那里陪我，能比较温和地给我一些指点，而不是一直教训我。

东东：教练批评你，你敢还嘴吗？关心则乱，我那不是担心嘛，看你手忙脚乱的。你确实不怎么会开啊，这点你承认吧。

子木先生：所以听起来，现实情况是，东东即使以爱人的身份坐在西西身旁，也最好可以像教练那样进行指导？

西西：如果按您的说法想这件事，也许我能稍微接受一些他对我的教训，不管怎么说，的确是我要求他教我的。

东东：我其实也挺委屈的。我教她开车，干的就是教练的事，免不了要指导啊。

子木先生：假设东东做西西的教练时，能先和她说一下，"我现在是你的教练，请允许我用教练对待学员的方式对待你，这可能会和我以往对待你的方式不同。教学结束时，我会恢复爱人的身份"，你们感觉这件事会变得不一样吗？

东东：之前没刻意地区分过，但我想，也许会有些帮助吧，以后可以试试。我觉得我们确实需要对身份进行一下界定，这样才能减少一些不快。一想到这个问题，我忽然觉得自己对她可能有点过于严肃了。身份的转换对我们两个人来说都有点困难，而且特别容易让我们把开车时的矛盾延伸到其他事上，甚至会影响我们一天的心情。

西西：如果他能先给我一个提醒，也许我的感觉会稍微好些，但是我似乎也缺少角色转换的能力。如果他在开车时训斥我，我还是会把他当时的话当成对我这个人的否定。

子木先生：西西刚才提到，在日常生活中，西西很难得到东东的认同，东东的认同对你很重要吗？

西西：我想是的，我需要他的认同。虽然在外人看来我挺独立的，但实际上我有些缺乏安全感，也比较脆弱。有时，外人对我指责和批评，也会让我备受打击，我得不断地调整心态，才能从那种情绪中走出来。他的否定更会让我立刻陷入自我怀疑中。就像教我开车这件事，他不停地否定我，让我现在对开车已经没什么兴趣了，甚至不想再学了，他好像永远也理解不了我的这种心情。

子木先生：东东觉得是什么原因让西西感受不到你对她的认同？

东东：这是误会。我在心里当然是欣赏她的，但要我说出这样的话来，真是有些为难。我习惯了用这样的语气说她。不过刚才听她这样说，我还是受到了一些触动的。换位思考一下，谁都愿意被鼓励和支持，而不是被批评。所以我也在想，如果我们能磨合好，练车这件事也许会变成夫妻之间的一件趣事；但是如果磨合不好，它就成了一个减分项。就我们两个的现状看，我建议她还是找个专业陪练吧，我就不掺和了。

西西：如果只是因为磨合不好，就把一件事放弃了，是否意味着以后我们还会放弃更多的事？放弃多了，是不是两人之间共同的东西就少了？对婚姻肯定是不好的，对不对？

子木先生：把专业的事交给专业的人做，比如西西去找教练学车，事情确实会变得简单一些，两人的冲突也会减少。但是即便如此，西西似乎仍旧希望陪自己练车的是东东？

西西：是。其实我还是愿意让他在我身边，我心里会更踏实。如果只是为了学习开车的技术，我当然可以找教练或者同事帮忙，但我还是希望我们两个人可以一起做一些事。我们平时都是各忙各的，真正在一起的时间并不多，如果能趁着周末休息的时间一起去练车，也就可以有更多时间在一起了。

子木先生：东东听了西西的话，有什么想法？

东东：听她这么说，我忽然觉得有些惭愧……原来她是想借着这个机会和我在一起。我当然愿意了！我正在想，即便是让教练陪她练车，我也会找到更合适的相处方法，让她觉得被认可吧。我会好好想想。

子木先生：在学习一项新技能时，如果仅想获得专业技术上的提高，可以寻求专业人士的帮忙。如果更希望获得的是对方的陪伴、尊重或是别的，也许可以先商量一下让彼此舒服的相处办法，再继续下去，是这个意思吗？

西西、东东：是的。

重构你的婚姻故事

Q1：当你请他/她教你开车或者其他技能时，你希望他/她首先是"爱人"还是"教练"？你能区分这些角色的不同吗？

Q2：如果不擅长转换"爱人"和"教练"这两个角色，你有什么方法提醒自己和他/她？

Q3：想想看，当他/她对学习新技能还没有太多信心时，用什么样的指导方式能让他/她更有进步？

NO.16
总翻旧账还能感受到爱吗
——要求合理才能让婚姻更圆满

西西 | 亲爱的，我今天学着给你做了两道菜 ——
菠萝青椒炒芹菜、西红柿洋葱奶油汤。
做饭的时候我很开心，
在这些五颜六色的食材之间忙碌，都是为了你。

可是，看着你饭后紧锁的双眉，
我知道，又有什么事情让你生气了。
给你冲来一杯茶，想陪你说点高兴的事情，
可你说，
我永远记不住饭后应该喝点绿茶，而不是花茶，
我永远不知道咱们家的茶分几种。
看着茶叶在杯子中慢慢沉下，我的心也变得沉重起来。

日子久了，我发现，你的心里总记着那么多过去的不愉快。
我的粗心，会让你联想起过去那么多事，
你牢牢记得我说过的错话，做过的错事，
说我的性格毫无长进。
在你眼里，
我是一个没有责任心的人，
一个不知道关心你的人。
你常让我觉得，我真是太不适合做你的妻子了！

可是，我想说，
我们应该把过去的不快乐放在过去，
不要在争吵时再把它们逐个捡起来。
你对我的指责，我一开始不在乎，
可现在，你开始让我觉得，我是个非常有问题的人。
你让我深深地陷入苦恼和挫败感……

东东 | 和你生活的时间长了,
我才知道,
你居然如此粗枝大叶!
结婚几年了,
如果有人问你我最爱吃什么,你肯定不知道。
如果有人问你我为什么生气,你也肯定不清楚。

对你自己,
你也这么迷迷糊糊的。
那天,你身体不舒服,
我着急得不得了,
你却说,不要紧的,哪用得着这么大动干戈?
我关心你、体贴你,
你却一脸的不乐意。

中午,你给我吃菠萝青椒炒芹菜、西红柿洋葱奶油汤,
还有那种硬得可以防身的法式面包。
可是,我早就跟你说过,
周六中午我想吃我最爱吃的面条。
因为平时上班,只能叫外卖,
米饭、炒菜、米饭、炒菜,胃口早就倒了。
我的要求不高,只是一顿面条而已,
可是你,怎么如此不在意我的心思呢?

最让我伤心的是,
你一点儿都不知道我为什么会不快乐,
就算知道了,你也会反过来说我小心眼。
唉!
你真是个粗心而又不会体察别人感受的老婆!

子木先生

记妻子仇的男人是没有出息的,这样的人心里没什么大目标,心思都在妻子身上。记仇的内在意义是不能吃亏,一个男人如果在妻子那都不能吃亏,恐怕多少有些以自我为中心。当然,如果丈夫翻陈年旧事只是希望得到妻子的关注,增进夫妻间的交流,或重温过去的温馨时光,那就无可厚非了。但如果已经抱怨得让妻子有了压力,觉得无所适从,就有些过了。婚姻中,女人可能更爱翻旧账,用这些小麻烦来嗔怪自己的丈夫,以期得到丈夫的关爱。但在他们的婚姻里,东东更像女人。

东东没有什么可抱怨的,马虎、粗枝大叶、不会猜测别人的心思是西西的天性,她对自己也一样,生了病也不知道要照顾自己。那么,她用相同的方式来对自己的丈夫就再正常不过了。婚姻里往往存在一种平衡,一个人太仔细了,另外一个人就会越来越粗心,这是一种内部和谐,不然日子就没法过了。既然这样,抱怨又有什么意思呢?还不如自己变得粗心一点,逼迫对方慢慢留意生活中的细节。

不过,事情如果都归结到"我真是太不适合做你的妻子了"这句话上,就需要仔细分析了。就夫妻交流来说,这样的语言是一种暗示,如果反复出现就会建构出一种婚姻现实,让男女双方的亲密感逐渐减少,对婚姻关系有很强的破坏作用。这样的话每重复一次,明显的挫败感就会在西西心里出现一次，这会让她逐渐失去自我、失去对婚姻的信心，也会让他们的婚姻失去和谐感。

| 子木夫人 |

我觉得真正粗心的不是一个人，是两个人。东东也是按照自己的内心生活的人，他也没有认真地感受西西的内心，他只是希望西西像自己。面条与创意菜——菠萝青椒炒芹菜、西红柿洋葱奶油汤，哪样需要付出更多的辛劳、更多的爱心？东东不懂，也不想感受奶油汤里浓浓的关爱，他粗心至极。

我是女人，对女人更了解。女人总像爱自己一样爱丈夫，她喜欢什么就相信什么是最好的。把最好的东西奉献给最爱的人，却遭受抱怨与指责，我猜西西会伤心透顶。婚姻是个互补的游戏，我们会按照自己的个性做事，对方也会按照自己的性格做事，于是双方生活与行为方式的差异就会体现出来。婚姻的磨合期就此开始，在好的婚姻中，男女双方会自动摇摆到一个合适的位置，补偿各自的不足，使婚姻看起来很圆满。不过，变化是两个人的变化，不是一个人服从另一个人。一个人认为自己绝对正确，总让另一个人改变，是无法达到和谐状态的。要求多的那一方正是用破坏性的方式肢解婚姻的那个人，被要求的一方却在暗示中被动地成为婚姻失败的替罪羊。

一起聊聊

东东：结婚好几年了，她仍然不了解我。我爱吃什么，她不知道；我为什么不开心，她也不知道。平时忙工作，周六我只想简简单单地吃顿面条，她却做出一些创意菜、硬面包什么的，我觉得她完全不用心。

西西：我天生比较粗心，不会关注，也记不清这些琐碎的事。我父母、同事都知道我就是这样的人，但他恰好是我碰到的最爱挑毛病的人。

子木先生：东东是对西西做的所有事情都不满意吗？如果在一天中，西西为东东做了十件事，东东觉得满意的事可能会有几件？

东东：那肯定不是每件事都会让我不满意，但至少有一半的事会让我觉得不满意。

子木先生：你曾经告诉过西西，你对另一半做的事很满意吗？

东东：这个……倒也没有。我们结婚好几年了，这些事她应该都清楚，做对是正常的。

子木先生：东东，你的朋友或是同事们会认为你是一个容易合作的对象吗？

东东：这个，有些难说。我是一个比较细致、认真的人，总体而言，没那么愉快吧，和别人合作需要磨合。

子木先生：也就是说，西西和你在一起，可能比其他人和你在一起更默契？

东东：从这个角度说，应该是。但她是我的妻子，理应更了解我，不能总这样迷迷糊糊的。

西西：什么叫迷糊？不就是没做你要吃的面条吗？面条多简单！菠萝青椒炒芹菜、西红柿洋葱奶油汤，光听这些名字就知道我费了多少时间！不就是想做出新鲜的饭菜让你高兴吗？

东东：你能给我做面条，我就已经很高兴了。我很奇怪，你到底是为了自己的探索欲，还是真的为我好？客观的结果是我不爱吃，从这个角度上说，我没有得到好处。而我接收到的信息是你尝试了新菜谱、新花样，好像自己玩得挺高兴。

子木先生：西西喜欢的、认为特别好的事情也是东东喜欢的吗？

西西：那倒不一定。

东东：她总是自以为是地把一些东西强加于我。明明不是为了我，却说是为了我。我压根儿没得到好处，却还要承担这个名分，特别让人搓火。如果她说做那些事情是为了让自己开心，我估计我也不会有那么大的情绪。

子木先生：如果西西搞一道创意菜取悦自己，又做了一碗面条取悦东东，东东心里会舒服一些吗？

东东：为什么不呢？两者兼顾是比较好的结果。

西西：好吧，我听明白了，以后我尽量按东东的要求来。但是一想到东东总爱翻旧账，我的挫败感就会越来越强。他总会揪住我说错的话、做错的事不放。估计今天这件事，日后又会被他揪出来。在他眼里，我始终不是一个合格的妻子。

子木先生：总爱翻旧账，似乎不是一件划算的事。是否意味着没有好好地关注当下，度过今天？假如说，我们现在的记忆系统出了问题，突然把以前犯的错全忘掉了，生活会更好，还是更糟呢？

西西：对我来说当然更好，他就不会唠叨个没完。

东东：应该会更好吧，因为没什么好生气的了。

子木先生：如果从现在开始，过去的记忆都被清空，西西今天第一次让东东不满意，东东的感受会有什么不同？

东东：那我应该不会有太多怨气，不满意的次数多了才有脾气嘛。如果是第一次，我可能会客气地夸她一下，感谢她的用心和创意，然后对她说"你辛苦了"，并且告诉她，她哪儿做得挺好，哪儿做得不好，什么是我不喜欢的。

子木先生：如果东东总是用这样的方式跟西西交流，西西感觉如何？

西西：这种态度可能更容易让我接受他说的话。我也知道自己有时候有点粗心，记不住那些琐碎的小事。

东东：你看，她总说这些是小事。

子木先生："总"？以前的记忆都已经被清空了。

东东：哦，好吧。

西西：如果他能宽容地对待我的粗心和小错误，我想我可能会有一点内疚感吧，会让自己更多地关注他的需求。

子木先生：如果想让西西觉得"好吧，我可以按照你的要求给你做碗面条"，东东这样的态度需要持续几天？

西西：如果能持续两三天，我就很知足了，因为我之前从没感受过。如果他能包容我一点，不翻旧账，不说那些刺耳的话，我可能会愿意关注他说的那些事。这样想来，我以前总是记不住他说的话，可能也是一种逆反心理的表现吧。

子木先生：如果从第三天开始，你想关注东东的需求了，你打算怎样让自己准确地了解到他想要什么？

西西：我会认真地问他"你想吃什么，你为什么要喝绿茶而不喝花茶"，我会把他让我做的事问得仔细一点，甚至记在本子上，这样我就能记住了。其实记这些事也没那么难，当然前提是他真能做到不翻旧账，我才不会因为他没完没了的指责而心烦。

东东：好像非要有个前提，你才能做出改变？这让我不舒服。你把这个前提放在我这儿，如果我怎样，你才会怎样。那么，到底谁要先开始呢？

西西：对啊，谁先开始？

子木先生：今天的讨论算不算是个开始呢？你们共同的开始？当然你们也可以选择不开始，选择权在你们自己手里。

西西：听您这么说，我突然有种释放的感觉。不管选择开始还是不开始，是由我自己说了算的，而不是被他强迫着的。这种感觉很好。

东东：这就是问题的根源。她终于不再说是为了我了，我也能舒服一点。以后我可能会告诉她，你如果想吃，我可以陪你吃，但这不是我想吃的。我想吃什么，我可以自己解决，当然如果你愿意的话，也可以为我做。

西西：如果没有指责和翻旧账，就算活在当下了吧？如果能做到这点，我觉得我们和其他人都能很好地相处。

重构你的婚姻故事

Q1：当他／做了让你满意的事，你会向他／她表达欣赏和感激吗？

Q2：总翻旧账，是否意味着没有好好地关注当下，度过今天？假如我们的记忆系统出了问题，突然把以前犯的错忘掉了，生活会更好还是更糟呢？

Q3：你会用哪些方式来让自己了解他／她的真正需求？

No.17
家庭规则应该由谁制定
—— 双方都有决定自己生活模式的权利

西西 | 每次出差回来，我就得跟他吵一架，
原因很简单，
没人监督他的时候，他真的什么家务都不做，
我打开房门时看到的家，永远乱七八糟。
放在桌上的苹果，还会在那——当然都烂了；
鱼缸里的小金鱼几乎全死了，因为他从来不给鱼换水，
最后我们只好不养鱼了。
要想不在我的心头火上浇油，就最好别让我进厨房，
因为我准能看到水池里的脏碗……

这都是他应该干的活儿啊！
我们早都定好了，
我做饭，他洗碗，如果我洗衣服，那么他擦地。
平常他还能遵守规定，可我一出差，他就又什么都不干了。

所以这次我出差回家前，专门跟他打电话说了家务问题。
我说，要想让我保持一直想念他的情绪，就得把家收拾好。
他答应得倒是很痛快。
这次打开门，窗明几净，地板很整洁，碗筷也没有堆在水池里。
可是，一拉开衣柜门，里面的东西就掉了下来，
衣柜里有好多脏衣服，而且全都和干净的衣服混在一起。
我对他的想念立刻化为愤怒，
我把房间收拾完后，连跟他做爱的兴趣都没有了。

我不明白，这些家务活是每天都存在的，
两个人都做好自己的那一份，不就可以省掉很多麻烦吗？
他为什么就不做呢？

东东 | 她是个很独立的人，
虽然是独生女，
但一点都不娇气。

不过有一点让我很头疼，
在做家务活这件事上，她特别要求平等。
她制定了家务活的分工计划，
如果她做了饭，我就一定得洗碗，
她收拾了屋子，我就一定得擦地板、倒垃圾。

一开始，看她一板一眼地执行，
我还觉得很好玩儿，
我们俩就像小孩子，在玩"过家家"，
可时间长了，
我发现她是真的要跟我讲平等，
这让我感到冷冰冰的。

我从初中就开始寄宿在学校，
对生活环境是不是整洁、干净没那么多要求，
家里再乱，在我眼里都很整齐。
再说，这是家，不是学生宿舍，还要轮流值日，
有必要分工那么明确吗？

| 子木先生 |

任何家庭琐事引起的夫妻纷争都不完全是公平与不公平的问题，一些家庭制度表面上看起来是合理的，但其中可能存在很多不合理之处。东东与西西的分歧中有两个潜在的前提性问题：一是谁来制定家庭规则，二是谁来决定两人的生活模型。

东东习惯生活得懒散，他对环境脏、乱、差有很高的心理容许度，可能会把自己的精力、智力投入到其他的事务中。但西西的内心对整洁程度有很高的要求，家里的一切都要井井有条。

整洁当然被主流文化认为是好的，但一个人那么在意整洁，不能容忍家里有一丝脏、乱、差，可能就说明保持整洁不是一种习惯而是一种不能识别的焦虑。如果保持整洁是习惯，那么看到不干不净的环境时，人就会像上了发条一样，干劲十足，不把它变得一干二净誓不罢休。整理环境就是整理心情，虽然有些累，但心里是轻松、高兴的。可如果对整洁程度的要求反映的是一种潜藏的焦虑，烦乱的内心无意识地需要借助洁净的环境舒缓，一点点脏、乱、差都会给自己添堵，人就会慢慢对整洁产生心理依赖。对家庭而言，整洁与舒适不能完全画等号，适度的整洁会提高舒适度，但过度的整洁会让家里没有舒适可言。

把脏衣服藏在衣柜里，本来就是男人们最喜欢的掩盖术。看到西西愤怒，我多少有些为东东不平。按照她的逻辑，即便丈夫洗完所有的衣服，爱整洁的妻子也还是能找出他的不是，这会让丈夫觉得无论如何都理亏，还不如什么都不做更心安理得。

| 子木夫人 |

子木先生的说法只代表少数男人的观点，不能代表我。子木先生的书房很乱，但从来不让我收拾，哪怕替他收拾完全是我自愿的，是"免费"的，他也不肯。他有一句经典的话："环境是为人服务的，人不做环境的奴仆！"对他来说，方便是最重要的，整洁微不足道。他希望需要的东西随手可得，就把桌椅都加上了滚轮，让它们由着他移来动去。当然，这种生活方式也造就了子木先生自由的思维和旺盛的创造力。我不得不随着他，只在自己的卧室里体验整洁，我对他的要求是，必须先洗澡，再换上干净的衣服，才能步入卧室。多少年来，他倒是一直遵守这一"条例"，这给我带来不少心理安慰。

我能理解西西的内心，女人把家看成自我的一部分，对家庭的整洁程度多少有些"强迫性"的要求。"家是女人的面子"，家里的装饰、摆设、布局总会体现家庭主妇的心境、才艺和认知。东东是个散漫的男人，他无意间破坏了西西对家的完美想象。作为心理学家，我知道有些人在脏乱中可以获得快感，这也是他们活着的权利。

有两种方法可以让先生不再那么懒散：一是强化技术，先生每做一件有益于整洁的事，就给他一个及时的热情回应，让他受宠若惊，这样的收获会增加先生打扫房间的心理动力；二是领地意识，告诉先生他可以胡作非为的区域在哪里，要按公共规定对待公共领域的环境，这样既承认了先生有决定自己生活模式的权利，又给了自己一个理想的家的空间。

一起聊聊

子木先生：东东是怎么看待家务活的呢？

东东：我从中学开始就寄宿在学校，感觉自己算是爱整洁的人，但和她的标准相比就差得太多了。她一开始提出分工做家务时，我觉得很好玩，尽量配合。但慢慢地我发现她特别较真，一板一眼，搞得我现在在家哪儿都不敢去，生怕弄脏、弄乱什么。这不是有些荒唐吗？

西西：你居然还有情绪！

子木先生：假如有一天，西西对家务和卫生的要求比东东更低，变成一个懒散的女子，东东会感觉更好吗？

东东：啊？这不一定吧。平心而论，家里还是干净点儿让人舒服。我只是无法忍受西西过分讲究，她的标准太高。

西西：不是我标准高，是他太懒，怎么才能让他和我一样，干家务更积极些？

子木先生：假如有一天，东东比西西做家务更积极，更爱整洁，西西会感觉更好吗？

西西：你的意思是说我们反过来了？我还真没想过。我不认为有这种可能性。

子木先生：假如真有那么一天呢？在家务方面，东东决定改变自己，成为一个让西西特别满意的人，甚至可能对西西的要求也变高了，西西会高兴吗？

西西：那当然好了，我当然欢迎。

子木先生：西西确定吗？到那时，东东很可能会经常提醒你说"西西你在家务上还要更认真一点"，你确定自己喜欢这种感觉吗？

西西：这个……

东东：如果我的标准超出你的想法很多，变得遥不可及，当我评判你、要求你时，估计你也会很难受的。

子木先生：假如那种情形是真的，而且西西并没有达到东东的标准，西西会希望东东如何对待自己呢？

西西：如果真有这种情况，我首先希望他不要为此不高兴，至少对我说话客气一点。然后我们可以商量一下怎么做会更好，比如划分出职责和负责的区域什么的。

子木先生：怎样划分负责的区域呢？

西西：像卧室、卫生间这些共用的地方，必须要保证整齐吧。不过现在我突然有种体会，没有明确分出做家务的范围，却让每个地方都干净整洁，可能会让东东的压力有点大。

东东：就是啊！虽然我做的家务没有西西多，但脏活累活几乎都是我干的，比如刷马桶、维修管道什么的，当然我也不舍得让她干。我个人觉得，还是发挥每个人的专长比较合理。

西西：我承认，脏活累活是东东主动干的。要不这样吧，某些我不太关注的地方，比如衣柜和书房，可以乱一点，不过也别指望我收拾。但是卧室和卫生间这些地方，必须整洁，这是底线。

东东：我觉得她应该给我一个及格的标准，而不是最高标准。另外，还要允许我偶尔犯错，比如上次我有急事，鞋子没换进了客厅，她就说了我半天。我希望我们的制度能有一点弹性。

西西：你看你现在的态度！总默认做家务是为了服从我。你不理解做家务的本质吗？不是为了我，而是为了我们共同的家。你穿鞋进客厅，破坏了家里的规矩，我当然不能忍受。

子木先生：西西无法接受东东偶尔出错，是因为他破坏了家中的规矩，还是破坏了你所制定的规矩呢？如果提到家里乱糟糟的，你会联想到什么？

西西：如果这么说的话，我想首先可能还是为了我自己吧，家里稍微一乱，我心里就会很不舒服。家里的脏乱会让我想起我父母家。我妈是个不拘小节的人，对家务不太在行，我爸对卫生的要求却很多，他回家后，常常一边干活一边抱怨。我妈心情好时会配合着干，如果不好，就会和他吵架，所以我从小就盼着家里干净，这样才能清静一些。这样一想，在我们家中，我倒成了那个挑剔的人。

子木先生：那么，西西要的整洁度是东东需要的吗？

西西：……（沉默）您这么问，突然让我想到，也许我要的整洁并不是东东喜欢和需要的，但是他为了我，似乎已经在尽力改变了。

东东：这是个好问题。我们对这个家庭的舒适度和整洁度都有要求，只是标准不同，我觉得适度就可以了，她可能要求完美，这让我很有压力。

子木先生：所以西西出差时，你似乎就可以放松了？

东东：哈哈，确实有一种放松的感觉。好像平时被管理得太严，就趁着机会撒个欢儿。我想了想，如果西西的标准降低了，我没有那么大的压力，可能会有更大的主动性。"哪里有压迫，哪里就有反抗"。

西西：也许吧，我们家现在就是这种情况。一方面我会觉得自己在家有主动权，另一方面也会有失落感，我希望东东能主动参与到保持家居整洁的劳动中。

子木先生：对于西西认为合理，但东东觉得有压力的标准，东东尽力配合了，这是否也是一种参与呢？

西西：这倒是，是我一直在提要求，他虽然不太情愿，但多数时候也会行动起来。这样想来，也许我该感谢他。以后我试着退而求其次吧，探讨、划分出各自的空间，互不干涉，在自己的家中保留一块让我觉得干净和不被打扰的空间。

东东：不过我今天算是更理解她了，也更能体会她的心情。如果西西肯为我降低一下标准，我会觉得很开心。她确实在家务上比我勤快，我也理解她的辛苦，所以我可以保证不扰乱她的地盘。当然了，粗活、重活还是交给我。

重构你的婚姻故事

Q1：你和他／她对家庭环境的需要不同吗？

Q2：在开明、宽容的家庭氛围中，家庭成员的生活主张如果有差异，该如何保障每个人的权益？

Q3：在婚姻中，如果一方过分喜欢整洁，另一方就可能让生活变得无序，这是怎么形成的呢？

NO.18
存私房钱算不算背叛
——良好的生存方式是情爱的根本基础

西西 | 结婚三年了，我越来越认为他是个自私透顶的人。
从大学时初恋，到现在已经十年，
想不到我们的感情最后毁在钱上，
真是天大的讽刺！
我不是看重钱的人，否则也不会跟他结婚，
可他对待钱的态度让我感到既陌生又厌恶，
我不能再跟这样的人生活下去。

我和他在公司里都是中层领导，
薪水不算低，在深圳有房有车，生活得还不错。
只是他的家人时常向我们借钱，
一次又一次，没有尽头。

我知道，他家在农村，不富裕，
每个月都寄生活费回去，我可以接受。
但是，他爸爸要抽烟、喝酒、看大电视，他的弟弟要买车跑运输，
都向我们要钱，
我们总不能连这些都管啊！

虽然我们有车有房，但每个月都要还贷款。
孩子上幼儿园也是一大笔开销。
事实上我们每个月剩不下多少钱。

上个月我发现他居然背着我还有一个存折，
专门用来贴补他农村的家。
这对我来说简直是晴天霹雳，
真没想到他居然做出这样的事情，
背叛我们的感情！
我伤心透了，我要和他离婚！

东东 | 她是个一点也不虚荣的女孩子，
能跟她结婚，真是特别幸运！
可我该怎么和她说清楚呢？
我不能扔下我的家人不管啊。

父母把我养大，多不容易，
我是家里的大哥，有照顾弟妹的责任！

现在我们条件好了，
有车有房，
过着高消费的生活，
装修房子时，光铺地板就要花上万元。
父母也想过过好日子，
既然张嘴向我要了，
我怎么能不给呢？

我知道，
她很节俭，也舍不得乱花钱。
所以我不敢对她说，
只是想尽我的力量帮助一下家里。

没想到她那么伤心，
居然要和我离婚，
难道我帮助家里也是错吗？

| 子木先生 |

很多人以为真心相爱的情感与金钱无关,其实不然,对于接受并愿意生活在现实中的人来说,金钱可能令他们的爱情、婚姻受益良多。当然,金钱对夫妻二人的影响不仅仅在于量的多少,更多的在于两人对金钱的态度、理财的方式、生活的需求与价值观。两个人如果有共同的金钱观和理财观,即便刚开始没有多少钱,也会慢慢地富足起来。怕就怕夫妻二人各有各的打算,各有各的私心,再多的家当都可能会被消耗殆尽。

婚姻的和谐合奏中,突然冒出不和谐的插曲。两个人在金钱方面共进退的观念被打破了,感到懊丧是可以理解的。心理学认为:良好的生存方式是情爱的根本基础,大多数婚姻的品质取决于家庭收支、共同理财与享乐方式。

涉及感情问题时,我们的主流文化总贬抑金钱的力量,觉得好的情感都应该是超现实的,其实,婚姻必须寄生在现实的土壤中。有知识、有地位、有经济实力的夫妻,在理财方面常常会有自己的风格,两口子为钱吵嘴也是婚姻中的必修课,吵着吵着,就有了共识。难就难在身处经济收入不平等、对金钱的享受方式不对等或者经济支出不平等的婚姻中,觉得计较钱是一种对自我人格的贬低,对钱的问题羞于启齿。这会让双方的积怨越来越深,也会让婚姻因此而破碎。还不如把对钱的支配看成一种权利,各持己见,据理力争，对婚姻反倒会起到良好的促进作用。

我觉得不要管东东给家里存钱是否合理，针对他藏私房钱这件事，就应该"迎头痛击"，他必须理解，婚姻中的财产不能由自个儿说了算。即便他真想尽做儿子和兄长的责任，也要慢慢地说服西西，或给予西西足够的"另类补偿"，女人终究是比较有同情心的，感觉先生太为难时，怎么也会放一马，这样的婚姻反倒多了几分甜蜜。

| 子木夫人 |

人对金钱的态度起源于幼年时的感受。一般说来，忍饥挨饿长大的孩子，对钱的欲望会大一些，会持家节俭一些，也会无意识地渴望对钱有更大的控制权，如果现实情况不能满足自己，就会私下积攒，以获得潜意识中的安全感。小时丰衣足食的孩子对钱就要淡漠一些，用钱也随意一些，对钱的控制欲望也不那么强烈。

西西对钱的态度比较豁达，看来没有受过什么穷，我看这两口子的生活多半也是西西说了算。她对丈夫私自存钱的愤怒，暴露出她在潜意识中的脆弱。她一直维护着一种虚假的优越感，理财的态度和对生活格调的要求对应着她在爱情中的价值观，东东"违规"被她的潜意识看作"背叛"，西西的愤怒不仅仅是因为钱，更是因为她发现他们失去了共同的生活态度。东东的行为让她对婚姻有一种失控感，生活不再"完美"也让她产生了一种失落感，所以她才会那么失望和灰心。

其实,东东之所以这样做,是因为他既想避免婚姻中不必要的争执,又想让自己尽兄长之责。可以想象,东东的个性是偏内向的,内向的人在困境中会像石头下的豆苗,弯来拐去也要出头,而外向的人不砸碎石头就不甘心。当然,我觉得西西做得也不错,东东家在农村,她每个月心甘情愿地给他父母寄钱,东东理应心存感激。因为对父母兄弟的责任像一个人的"债务",但承担这份责任的是两个人。一般的夫妻都会在金钱支配方面遵循一种平均主义,以此来维持婚姻中的平等地位,这也是婚姻游戏的规则。

但我们也要看到,男人们对钱的态度有时仅仅是为了维护被夸大的自尊,东东应该跟自己的弟弟坦白自己的困难,同时也应该向西西诉说自己作为哥哥的为难,看看能不能找到一个两者兼顾的方法。

一起聊聊

西西：我以为我们对钱的态度是一样的，都主张透明，都是一心为这个家好，但是他居然背着我存私房钱，用攒下来的钱支持他的家人！这让我觉得自己根本就不了解他，他到底还有多少事瞒着我？

子木先生：东东怎么看待存私房钱这件事？

东东：我觉得作为长子，帮助自己的家人是很正常的事，但她不能理解我的感受、责任和义务。我不想引起矛盾，才暗地里存一些。她刚刚说到双方透明，我是认同的，是我违反了这个规矩。

子木先生：所以东东心里有歉意？

东东：是的，如果有其他办法，我也不想这样。

西西：我倒没有觉得你有什么不想的。

子木先生：私房钱在东东的收入中占比多吗？

西西：不少了！

东东：不像她说的这样。我肯定会先把我们的生活安顿妥当的。在不影响正常生活的前提下，我会力所能及地照顾一下家人。

西西：你可以尽责任和义务，但是应该在他们迫切需要你的时候。他们眼下都有收入来源，为什么事事都指望你？

子木先生：平时家里的钱是由西西保管吗？东东是否会查问西

西家里收入的去向？

西西：我全心全意地把钱用在家里，平时如果需要额外买什么，我也会告诉他。另外，我的家人从没有用过我们的钱。

东东：对她的花销，我百分之百支持。

子木先生：也就是说，在你们的家庭中，西西会自主支配自己的财产？

西西：是啊，那是因为我很透明，收支都会告诉他。

子木先生：每次资助家人后，东东的感受是什么样的？

东东：作为家中的长子，我从小被父母寄予厚望，是他们的骄傲。眼下我在大城市站稳了脚跟，物质条件还不错，家人的生活却比我们差很多，能帮到他们，我觉得很高兴，有些成就感吧。

子木先生：东东是否有过因为要满足家人的要求，自己压力很大的时刻？

西西：当然有啦！他弟弟要买车，问我们要了一笔不小的费用，当时我们手头也紧，他还为此向朋友借了钱。他就是要面子，从不告诉家人其实我们也不容易，我们因为这件事大吵了一架。这段时间刚刚风平浪静一些，我以为他悔改了，没想到居然背着我存了私房钱！

东东：有时候，确实不太好拒绝父母的要求，不过我已经意识到这样有些不对了。

子木先生：西西认为，东东的收入中，有多少是他可以自由支配的？

西西：自由支配？我觉得我们都没权利拿走家里的钱，因为我们要养家、养孩子。

子木先生：西西认为东东的一切都属于婚姻吗？

西西：对啊，我认为他的一切都该属于我们这个家。我也一直以身作则。

子木先生：如果我说，我们每个人可能都有多重身份，西西会怎么想？一方面，我们属于这个小家庭，另一方面，我们在父母家里有另一个身份，当然，我们还会在不同的时间、地点扮演不同的角色。我们真能做到百分之百属于对方吗？又或者，我们是不是需要百分之百属于对方呢？

西西：我想，到目前为止，我的全部都属于我们这个家，尤其有了孩子以后。

东东：这个问题的根源在于，西西不能理解我的多重身份。我扮演的角色需在她的导演下，她认可了，我才能演，否则就不行。我觉得她只需要想一个问题，就是我其实也不认可存私房钱这件事，那这件事为什么还会出现？

子木先生：有没有可能，你们达成一个协议，允许双方预留一部分收入，完全由自己自由支配，比如5%的收入比例，对方用来做什么都可以。有这种可能吗？

西西：如果孩子大一点，日子不那么拮据了，可以考虑这个办法，但眼下这样的想法不现实。

东东：我倒觉得这个提议特别好。其实我认同西西的理念，夫妻之间要做到财产透明。让我来评判存私房钱这个行为，我也觉得不好，如果能找到替代它的方式，我也不想这样。现在她主要对我怎么用钱有意见，但说心里话，我是家中的长子，早年受家里资助，肯定要承担起一份责任，不管她认为合不合理，同不同意，我都需要支持一下。她家的情况和我家的情况不一样，我没法按照她家的情况要求我的家庭。所以我觉得，商量出一个固定的额度，这个额度范围内的钱都允许我自己支配，她不过问，其实是可行的，至少能让她少生气吧。

子木先生：西西现在听了东东的话怎么想呢？

西西：如果是这样，我可以考虑这个提议，至少这种方法可以让他不再骗我。其实我也不是不通情达理的人。不过我还是担心他家会不会是个无底洞？他这种过强的责任感，会不会把他们惯出毛病？平时没什么特殊事时，他都这样帮他们，以后真有什么特别的事，他们是否会得寸进尺，没有底线？

东东：这只是给我分配一点权力，你负责总控制，给我一个额度比例，确认好后，我来执行，其余的就不用你操心了。当然也请你放心，我有自己的底线，以不影响我们小家庭的生活质量为前提。

子木先生：东东存私房钱的这段时间里，你们的生活品质受影响了吗？

西西：既然我到现在才发现，就说明这件事还没影响到我们的生活。

子木先生：也就是说，即便东东存了私房钱，家里的生活也没受到影响。那我们是否可以这样想，恰恰是因为除了需要把收入交到家里，还要额外存私房钱，东东对工作才更热情、更有责任心？

西西：好吧，如果真的是这样，我就同意把东东存的私房钱当成他可以自由支配的部分。

东东：太好了，以后再也不用提心吊胆地怕被西西发现了，当然，我也不再存私房钱了。

西西：其实，在看到东东为自己的家人尽责时，我也会产生一种安心的感觉。一想到他这样对待自己家里的人，我就觉得他日后对我和孩子也不会差。

重构你的婚姻故事

Q1：当你频繁地为父母、兄弟姐妹提供经济或其他方面的支持时，你是否会关注他/她的感受并和他/她进行正面交流？

Q2：你是否有过为了满足自己父母、兄弟姐妹的需求，而给小家庭带来经济压力的时刻？你会怎么应对？

Q3：你认为共同理财的夫妻是否可以在收入中预留一个部分，完全由个人支配？这一部分占比多少比较合适？

No.19
伴侣隐瞒了异性交往怎么办
—— 将有趣的事加入生活

西西 | 他曾告诉过我他以前的恋爱故事，
那是两个理工科大学生间单纯、模糊的恋情，
后来他们分手了，那个女孩嫁给别的同学后，出国了。
可是，在一个极其偶然的情况下，我打开了他的信箱，
发现他和他前女友一直在通电子邮件，一共七封。
看看日期发现，他们通信已经半年多了，
而且从信里我才知道，他们曾在一起吃过饭。

两个人吃个饭、聊聊天，是很正常的事，有什么必要瞒我呢？
我跟以前的男朋友吃饭，从来没瞒过他呀！
这是不是说明，他和她共守了一个秘密，而这个秘密跟我无关？

最可气的是，
他们吃饭那天，正赶上北京大风扬沙的天气（我现在才回想起来），
我晚上还打电话提醒他，开车小心，
他却说，他正在机场和客户吃晚饭。
他怎么能做到撒谎时如此镇定，毫无痕迹？
即使电话的另一头是自己的妻子，也能如此？

我不知道，他还有多少事情是瞒着我的？
一想到这，我心里就止不住地感到绝望。
问题并不在于吃饭、通信这样的事情本身，
他们的信里并没有什么可令人特别指责的地方。
问题是，他的不诚实破坏了我对他的信任，以及对他人品的看法。

想想未来，我感到很茫然，
我们的日子过得很没劲，七年之痒过去了，都没什么感觉。
我到底了解他多少？他到底是一个什么样的人？
我现在真正感觉到——
两个人之间没有了信任，才是婚姻中最可怕的事情。
面对这样的事情，我该怎么办呢？

东东 | 我是偶然遇到那个女生的。
那天我去机场送一个客户,她在等待延误的航班,
十几年没有音信,乍一见,心头还是一惊。
我请她在机场的西餐厅里吃了晚饭。
过去的尴尬已经烟消云散了,
我们很平和地交谈这些年来各自的生活状况,
临别时都留了对方的电子邮箱地址。
偶尔我们会通通信,谈谈北美经济。
我们互通的电子邮件她都看到了,里面没有任何出格的话。

说实话,我在做这件事情的时候没有刻意顾及她,
因为我很坦荡,我并没有做什么错事。
从认识她的那一天开始,我丝毫没有背离过她。
不过,也许在潜意识里,我怕她知道了会生气,所以没有告诉她。
我没想到她的反应这么强烈,
她说这件事毁了她对我的信任,说我隐瞒和欺骗了她。
说到隐瞒,我的确做得不对,可我从没欺骗过她。

她有一段时间疯狂迷恋网络游戏,在游戏里和别人聊天、配对,
还把电话号码留给对方,她都没告诉我,
我过后无意中看到消息记录才知道。
我就觉得挺好玩儿的,女孩子嘛,总是爱幻想,
只要她高兴,我就没什么可说的。
因为我知道,那些捕风捉影的事儿不会破坏我们。

要是我做了同样的事情,她还不得要离婚?
所以我真的不明白,
她为了我和那个女同学吃饭、通信的事情大动干戈,值吗?
我和她在一起八年,积淀了多少爱和感动,
她怎么能因为这么件事就抹去了我们在一起的一切?
她怎么那么傻呀!

子木先生

我问子木夫人,如果航海周游世界,你喜欢风平浪静,还是风起浪涌?子木夫人回答我说,都喜欢,但要变换着来。婚姻也如此,闲适平稳中不能缺少冲突与激情。

西西是个率性的人,率性的人更爱追求感官刺激,在平静的日子里会产生窒息的感觉。而东东却是个宽厚的人,宽厚的人喜欢回避冲突,以不变应万变。西西通过相信别人,才会相信自己;而东东通过信任自己,就会信任别人。不能容忍被"欺骗"的感觉源于西西的内心需要和性格。她要磨砺她的"攻击性",扰动东东的激情,触摸到他的真心。听听西西说"我们的日子过得很没劲,七年之痒过去了,都没什么感觉",就知道婚姻中的暴风雨迟早要来,那是西西的季节,她要在痛苦中感觉爱的厚实,在冲突中感受情的坚韧。

东东虽然宽厚,但他能否抵御西西急风暴雨的冲击,能否展现出激情与率真?读东东的话时,我们能感觉他还在防御,他在内心努力解释自己的行为,试图将它们合理化,他不能容许自我怀疑。

其实,这个时候,他需要投入的是激情,跟随西西的情绪节奏,跳好婚姻的"舞蹈",让西西把内心的不安都释放出来,然后看着她的眼睛说"我今天懂得了你对我的爱如此深……我会好好珍惜"之类的话,保管雨过天晴。婚姻有时像一场戏,需要伏笔、巧合与误会，戏要好看，就必须放弃矜持、固执和一些禁忌，随着角色流动，可以天真烂漫、装疯卖傻、嬉笑怒骂，不是冤家不聚头的婚姻才会有滋有味。

| 子木夫人 |

西西比东东更敏感，有三个原因：

一是西西心中关于性与偷情的幻想更加丰富，所以当她感觉对方在隐瞒什么时，会自动想到见不得人的事。其实很多情况下，男人只是害怕女性的好奇心，不愿费口舌，才含混着回答。问题是男人不懂，其实你直接告诉她，她的想象力就不会那么泛滥。

二是女性有时依然被看作弱者，西西害怕自己被人当作傻子。如果东东在外面做了什么见不得人的事，自己不知道，就等于被愚弄了。西西有更强的自我保护意识，对丈夫的行为会有比较高的戒心和疑心，会杯弓蛇影。

三是在西西的思想中，男人大多是喜新厌旧或见异思迁的，是花心的。一个男人单独见一个女人，肯定心怀不轨。西西觉得男人可能是胆大妄为的人，但女人不一样。西西在网上约陌生男人见面，会觉得自己很坦荡，因为自己内心虽浪漫，行为却很保守，什么出格的事都没做。

她绝对不会认为东东前女友在内心也会进行防御和自我保护，

会假定别的女人大胆、开放得多。这样的假定实际上是一种自我投射，可以说莫名其妙对丈夫捕风捉影的女子，正是内心渴望有婚外情的女子。

一起聊聊

西西：东东和他的前女友藕断丝连，他们瞒着我通邮件，还一起吃过饭，这让我非常生气。

东东：真的只是偶遇后，一起吃个饭而已。我怕她听了不高兴，才没告诉她。

西西：我觉得这件事很大，它完全破坏了我们之间的信任。回想你撒谎时镇定自若的样子，真觉得你是个好演员！

子木先生：你们之间的信任是被这一件事情破坏的吗？

东东：您问得很好。这么多年了，那么多互相爱护的时候她看不见，只盯着这件事。

西西：连这点小事，他都骗我，他得隐瞒了我多少事？

子木先生：东东选择不告诉西西会让西西更有安全感吗，什么样的做法更符合婚姻的利益呢？

东东：肯定是为她多考虑一些，才能让她更有安全感。但是她其实也做过类似的事，在网络游戏里和别人聊天、配对，我都没有当回事儿，她反而揪住我这件事不放。

子木先生：西西把和网友配对的过程告诉东东了吗？

西西：没有，是他自己发现的。

子木先生：和你发现他的事时情况差不多？

西西：是。但我不能接受他和初恋女友约会！他接受我和网友在游戏里互动是他的事，但他秘密联络的是他的初恋情人，这不一样。我觉得他心里有鬼才骗我。

东东：邮件你都看了，只是正常问候而已，有什么骗不骗的？

西西：这又是一个谎言！你问问自己，提到她时，自己心里真的没有一丝其他想法？你越冠冕堂皇地否定，我越怀疑。

子木先生：西西担心东东不仅仅想和对方通邮件？

西西：对，不只是眼前这几封邮件和一次见面，我担心后面可能还会发生其他事。我觉得那些事情就要来临了。

东东：说句实话，我觉得我们眼下的生活有些平淡、乏味，西西应该也有这种感觉吧，不然她也不会搞什么网恋。本质上，我们还是对婚姻现状不满意，某种需求没有得到满足，才会从别的途径寻找。

子木先生：通过和网友或者前女友接触，你们似乎看到了自己内心还有一些对浪漫情感的需要。那么有什么方式可以让你们的家庭满足这种需要吗？

西西：我觉得自己已经很用心了。家里的事，无论大小我都特别操心。记得有科学研究说，夫妻度过激情期后，就会进入平淡期？我想说的是，甘于平淡可没那么容易。

东东：我觉得这是个很普遍的婚姻问题吧。我们可能不是输给了婚姻，而是输给了时间。

子木先生：时间是怎么起作用的？

西西：日复一日，年复一年。每天都上班、下班，然后回家，两个人顶多说些在单位的烦恼，彼此还不能完全理解对方，就会觉得特别没意思，很疲惫。

东东：是，日子过着过着，就无趣了。

子木先生：你们曾经在什么时候，或者说哪个时期，觉得婚姻特别美好？

西西：美好？谈恋爱和刚结婚的时候吧，比较幸福、开心。

子木先生：那时候你们经常在一起做什么？为什么而开心？

东东：那时候？好像做什么都很开心吧。比如每次电影院上映新片，我们都会去看，回家后还探讨电影情节。现在的生活就像浪花回落到大海中一样，我们对这些曾经让我们开心的事也慢慢麻木了。

西西：是，眼下的日子似乎是为孩子过的，让人感觉这一生太漫长。不过我常常自我安慰说，身边的人也是这样活的。

子木先生：从哪些方面可以看出，现在的生活是无趣的？你们做了什么让生活变得无趣了？

东东：举个例子，我们曾经很羡慕别人出去游山玩水，也尝试过几次，但是在旅行过程中，一发生什么事儿，两个人就相互抱怨，闹得很不愉快。后来我琢磨了很久，发现宅在家里反而是平静的，也少了很多麻烦，所以我觉得不如天天在家，让生活一成不变更好。

西西：还有一点就是工作让我们身心疲惫了，没有多余的精力做自己喜欢的事。咦？我们本来想解决的是互不信任的问题，怎么扯到生活无味了？

子木先生：听起来，你们似乎处于这样的情形中：一方面，认为一成不变的方式最节能，但它让你们的生活陷入一种无趣、乏味的状态？另一方面，你们尝试把有趣的事儿加入生活中时，发现存在一些阻碍和麻烦？

西西：您的意思是，还是要让生活多些变化的可能？这让我想到，我们之前因为旅途中的争吵就放弃了旅行，也因为选择餐厅时意见不同，减少了一起外出吃饭的次数。我们的确没有认真解决过这些问题，而是用回避的方式搁置矛盾，这样做，生活平稳了，但两人之间的距离却越来越远了。

子木先生：也许没有任何事是一成不变的。与其刻意让两个人的生活、感情一成不变，倒不如尝试着接受或期待某种变化？

西西：这样的想法似乎会让我对变化的担忧少了一些。也许这样的生活才会有活力吧。

东东：也对。就是因为现在的生活太没劲了，我们才会捕风捉影，揪住一些小事不放。我觉得改变现状可能需要我们给生活重新做一些安排，把一些小花絮加入其中。或者咱们先把婚姻当成一个人的事？一个人先变得有趣，两个人的生活是否会跟着好一些？以前我有空时会去踢球，那时也挺有趣的，但是这几年连这点儿爱好都放弃了。

子木先生：踢完球后，开心地回到家，是不是意味着把一部分喜悦也带回了家呢？

东东：我觉得这个落脚点很棒。每个人都可以往家里带一些快乐，让这种能量流转起来，两个人才会更开心。西西也就不会再为那些捕风捉影的事儿伤神了。

西西：话说回来，虽然我已经接受这个观点，要从检视我们两个人婚姻经营方式入手来改善关系，但是一想起他见初恋女友这件事，我心里就不舒服。说到底，这是精神出轨，我怎么才能原谅他？

子木先生：那么西西允许自己原谅东东吗？紧紧抓住对方精神出轨这个念头，是否会给自己带来一些好处呢？

西西：我好像还没有准备好原谅他。至于好处？好吧，虽然这样的想法没有给我带来什么好处，但我觉得指责他时，自己有点像个受害者。既然我没错，错的是他，我可能就不必为我们现在的关系承担太多责任。

子木先生：你愿意让自己总当受害者吗？这样你也就不用再为你们的关系承担责任了？

西西：受害者的位置让我这段时间处于无力和糟糕的感觉中。此刻我想，我该做出一些改变，我会试着放弃这个角色。哪怕是为了我自己。

重构你的婚姻故事

Q1：在哪些情形下，你会对他/她有所隐瞒？

Q2：如果发现他/她在两性关系上对你有所隐瞒，你会反思背后的原因吗？

Q3：时间使你们的关系变坏还是变好？它是如何在你们的婚姻中起作用的？

PART 4

一生修行

深入地想;
婚姻其实是一个人的婚姻,
因为人对婚姻的感觉完全在于自己。
生命是一条自我完善之途,
婚姻是我们生命中的修行。

No.20
姐弟恋能长久吗
——成熟的女人也需要被照顾

西西 | 我比他大三岁，
当时喜欢他是因为他长得阳光帅气，
而且很听话，
满足了我小小的虚荣心，
但是结婚后的日子就不那么顺心了，
他一直像个小弟弟，
家里大大小小的事都需要我操心、张罗。

比如这次全家老少去旅行，
从订机票到安排住宿，甚至到给家人携带琐碎的日常用品，
每一件事都需要我处理，
每次我问他建议时，
他的回答总是一句话——"听你的"，
这个回答看似是对我的尊重，
但在我看来，他是在变相逃避家庭的责任！

更可气的是，
让他购买旅途中的一趟短程火车票时，
他居然把我妈的票买错了！
害得全家老小滞留在火车站里折腾换票。

别人都说"女大三抱金砖"，
姐弟恋同样可以很幸福，
可我苦不堪言。
女儿、妈妈，有太多角色的责任等着我承担，
我实在无力再照顾一个小弟弟了。

东东 | 她特别爱拿主意和张罗事儿，
所以从我们认识到现在，
我已经习惯了事事听她的。

不听也不行啊，
有几次我试图反驳她，
但最后还是要按她的意思来，
既然知道反对没用，
我就干脆全让她做主，省些麻烦好了。

当然，我也承认自己比较懒，
不太喜欢处理琐事，能躲就躲。
但是哪个80后的独生子不是在父母的精心呵护下长大的？
我当时决定和她在一起，
主要就是因为她比较成熟、独立，
有小女孩缺少的担当，有点像我妈。
也许一段恋爱能称得上姐弟恋
并不是因为女方比男方年龄大，
而是因为女方更具有成熟感吧。

她天天骂我没责任感、不成熟，
其实有时我也想帮她，
但是我干什么好像都是错，她都不满意。
比如这次给岳母买错车票，
是因为我被孩子分散了注意力，一不小心点错了，
但她不依不饶，无所顾忌地在大庭广众之下，
当着家里老人、孩子的面训斥我。

这样的事情一多，
我就更没兴致帮她了。
难道听话是错，帮忙也是错吗？

| 子木先生 |

听东东抱怨"她天天骂我没责任感、不成熟",我们就能体会到,东东目前在家庭中的位置让他多少有些委屈。曾经阳光、帅气、听话的东东在这样的家庭环境里生活几年后,还会阳光、帅气吗?如果东东不再阳光、帅气,只听话,他们的婚姻就变味了,这样看来,西西没有变,变的是东东。

当然,我们还可以这样解读他们之间的矛盾:因为姐弟恋中的女人大多会更注重自己的外表,如果不注意保养,她们就会觉得自己不仅仅在心理上像男人的妈。"爱美之心,人皆有之",西西喜欢东东的外表,所以会认为东东也非常在意自己的外表。西西担心东东对自己很挑剔,在这种无形的压力下,西西产生了一种下意识的反应——放大东东的缺陷,让他处于水深火热中,自顾不暇。从这个角度看,婚姻里感到不安的还是西西,东东感觉到的不知所措正是西西内心情绪的投射。

幸福的姐弟恋具备一些共性:女人经历丰富,人格成熟,优雅、从容、有魅力,懂得珍惜和体谅;而男人单纯、善良,对待感情的态度更加纯粹。女人可以从比自己年纪小的男人那里获得浪漫、激情和更年轻的生活状态;而男人则可以依恋比自己年纪大的女人,学到社会经验和处事方法。两个人珍惜这样的姐弟恋,是可以得到幸福的。

| 子木夫人 |

面子是一回事，里子又是另一回事。在婚后的生活里，也许柴米油盐之类的琐事如何解决比两个人的外貌怎么样更重要。

他们的婚姻之所以出现问题，可能也是因为西西不甘心。她认为自己像妈妈一样照顾东东，但是妈妈照料孩子不应该是愉快的、心甘情愿的吗？显然西西不是。西西骨子里是个小女人，需要被人照顾、呵护和疼爱，所以在照顾东东时，她心不甘，情不愿，并不快乐。这种内心冲突慢慢会化成积怨，导致双方都不快乐，都感到压抑。

从心理学角度分析，通常情况下的姐弟恋容易让女人比较疲惫。男人在心理上比女人晚熟，如果两个人再有年龄差距，时间久了，女人难免会产生带着孩子一起生活的感觉，这就需要女人的内心足够强大、包容。当然，也不排除有些处于姐弟恋中的男人少年老成，他们年纪虽轻，却细致周到；而他们的伴侣又懂得适时示弱和退让。这样的关系会让两个人都感觉轻松、惬意。

另外，女人惯着男人，很大程度上其实是在调情，与年龄没有太大关系。一般只有以自我为中心的"孩子"才会认为被惯着是理所当然的，会心满意足地躺在"母爱"中不想长大。如果东东就是个依旧恋母的孩子，那么西西对他的抱怨和要求就很有意义，这会促使东东不能心安理得地止步不前，要从一个乖巧的男孩成长为可以承担责任、照顾妻子的男人。这也是东东必然要经历的成长过程。

一起聊聊

西西：现在我很累。东东听话到让我厌烦的程度，像个没有长大的孩子。

子木先生：东东很听话不好吗？

西西：原来我喜欢他什么都听我的，但现在我很反感。结婚这几年，我的责任不断增加，需要做的事也越来越多；他却没什么进步，始终像个孩子，根本不操心家里的事，在无形中把压力全推给了我。

子木先生：东东还是原来的东东，但西西已经不是原来的西西了？

西西：对。在没结婚前，我和他一样，都是不需要操什么心的人，连厨房都很少进。但是结婚以后，我什么都要学，家里的事情都得我照料，不然我们家的生活就乱套了。

子木先生：在照顾家庭方面，西西比东东做得多一些，是因为西西比东东大几岁吗？还有别的原因吗？

西西：年龄是一部分原因吧，可能还有性格的原因，我觉得家里的事由我去办会更周全、妥当一些。其实这几年，我也在反思自己，我们家出现了这些问题是否也有我的责任？不管怎样，现在我觉得生活压力很大，希望东东可以分担一些。我希望我的丈夫可以和我共同分担生活压力，我们可以分工合作，而不是全部依靠我。

子木先生：也就是说，西西准备好让一部分权了？

西西：对，我也是没办法，不得不做这个打算。

子木先生：你打算从哪件事开始让权？

西西：我觉得东东首先要分担家务，比如两个人轮流做饭。

东东：我做了啊，可是她不满意。

西西：他做得不好吃。

子木先生：以前东东做事时，似乎在西西的管控之下，西西会抱怨东东做得不好。那么现在西西打算让权了，是否意味着西西不会挑剔了？

西西：好吧，我知道我比较喜欢追求完美。

东东：她不仅不满意，还常常当着家人和外人的面儿不依不饶地训斥我，一点面子都不给我留。

子木先生：东东是怎么应对西西的训斥的？

西西：他倒没什么反应，所以我才说他听话。我说什么他都能接受，只是，他没什么反应这一点让我很不舒服，我都不知道他到底是怎么想的。

东东：其实我对她的强硬态度也不满意。可是我觉得家和万事兴，男人应该宽容些，所以我不想和她太计较。

子木先生：东东有没有可能做出一顿可口的饭菜？

东东：当然有。现在资讯来源这么多，参照网上的菜谱就能一步步做出来。可能我以前不太用心，比较懒吧。

子木先生：东东有没有可能是在利用自己的不足，帮助西西维持她的强硬态度？你喜欢她强硬？

东东：我其实是不喜欢的，但是可能我已经习惯了。

西西：他就是懒。如果他能用心做，即便是不合我的口味，我也不会生气。让我恼火的就是他那种表面听话、实则敷衍的态度。

子木先生：似乎在这些年里，东东扮演惯了一个听话的角色，你喜欢这个角色吗？

东东：我倒没有不喜欢。就像您刚才讲的，我其实没什么变化，包括对西西的态度也没变。当初结婚时，我喜欢她成熟、有主见，到现在我还是喜欢。

子木先生：你愿意继续扮演一个听话的角色？

东东：我觉得没什么不好。

子木先生：所以西西，你看到了吧，你现在已经不喜欢那个听话的东东了，但是东东依然决定要扮演一个听话的角色。这样一想他是不是没有听你的话呢？是不是正好符合了你的要求呢？

西西：这样一想，还真是有点矛盾。也许不是听不听话的问题，我就是希望他能更加成熟、有担当，如果他能帮我分担一些事，做什么都主动些，我也不至于对他这么不满。

子木先生：西西能不能说得再具体些，你希望东东如何替你分担？

西西：我希望他能主动意识到自己已经是别人的丈夫了，意识到他要承担这个家的一半责任。我希望他主动成长，而不是总靠我的帮助。我现在非常厌烦"帮"这个字，因为我一直在帮他，他却从没帮过我。

子木先生：东东有没有主动的时候？

东东：当西西出差不在家时，如果有些事恰好需要处理，我会主动做，毕竟不可能时时打电话向她请示吧。当然，遇到重要的事还是会和她说，否则她又要不高兴了。

子木先生：也就是说，在西西缺席的情况下，东东会表现出主动性？

西西：我明白您的意思，是建议我多给东东一些机会对吗？但事实上，我让他做的事，他真的做不好，还添了好多乱。比如这次给我妈买错车票的事，让一家人都很不高兴。

子木先生：买错车票最糟糕的结果是什么？

西西：最糟糕的结果就是，全家老少一起陪他滞留在火车站，等着换票。

子木先生：西西的妈妈是怎么看待这件事的？会像西西一样生气吗？

西西：我妈肯定是比较宽容的，没有指责他。但是我觉得很丢脸，自己找了这么个丈夫，连这点小事都处理不好。在我爸妈面前，我的脸都被他丢光了。

子木先生：所以为了不让东东出错，西西觉得最好还是由自己来承担更多的事？

东东：我觉得是这样的。事情只要是她做的，我都没挑剔过，当然，她也确实做得挺好的。

西西：我现在不太确定这样的生活方式是不是我想要的，也许我要好好想想。

子木先生：一直以来，东东都受到西西的照顾，好像好多事情自己都搞不定，如果西西不再照顾东东，会发生什么？东东会无法生活吗？

东东：我觉得自己是个成年人，没有西西的照顾，我也是能生活的。我在工作中会把事情处理得很好。

西西：我已经不知道该怎么和他相处了。我不知道怎么在不管他的情况下，安心接受他做的一切，每次让他办事，他都会捅娄子，像小孩一样不断出错。

子木先生：东东的朋友们是如何评价东东的？

东东：我人缘挺好的，大家都喜欢和我交往，觉得我有耐心又热心。我在工作中尽心尽责，所以在工作单位的口碑还不错。我敢说，西西的人缘不如我好。

西西：这倒是事实。大家都很喜欢他，觉得他又乖巧，又阳光。

子木先生：西西曾经欣赏东东的乖巧、阳光，那么从哪一刻开始,西西又渴望他成熟、有担当了呢?

西西:其实公平地说,这两年东东稍微成长了一些。自从有了孩子,他就有一点爸爸的样子了。不过,我的不满是慢慢积攒来的。比如,为了让家里的经济条件宽裕一点,我在孩子两岁时重新开始工作。做一个职场妈妈并不容易。由于怀孕、生子,我两三年都没在外面工作,再加上身材走样,那时的自信心严重不足,很需要他给我一些鼓励或者建议。但是每次我想和他说说时,他逃避的态度都会让我觉得他比我更没办法面对那些烦恼,根本做不了我的依靠。类似的事情多了以后,我才对他越来越失望。

子木先生:西西表达了自己的脆弱和无力,认为在很多事上,自己是需要得到东东支持的。东东打算如何支持西西呢?

东东:我以前接收到的信息不是这样的,我没想到她会需要我的支持。我一直以为她什么事都能自己搞定,当然,可能是我有些忽略她了。

子木先生:那么接下来,东东准备展现出自己成熟、有担当的一面,还是保持不变?

东东:我想说的是,在我们的关系中,我感受到的更多的是西西的严苛和不能出错的态度。面对她的训斥时,我也是脆弱的,人在脆弱时哪里还顾得上对方的感受?不过今天的谈话,让我明白了西西需要我,她的能力也有局限。从某个角度来讲,这些似乎满足了我的虚荣心,原来我对她来讲也挺重要的。所以日后,我可以朝她期待的方向努力一下。

西西：我一直在思考老师刚才说的那句话，"为了不让东东出错，西西觉得最好还是由自己来承担更多的事"，我想我也许没有剥夺东东犯错的权利。

重构你的婚姻故事

Q1：你们婚姻中的问题都来源于你比他大（你比她小）吗？

Q2：可能对姐弟恋产生有利或不利影响的因素有哪些？

Q3：大包大揽真的是对家庭负责的表现吗？这样的做法是不是正好迎合了对方喜欢逃避责任的心态？

No.21
年龄差距过大是所有问题的根源吗
—— 老夫少妻需要平衡内在爱的需求

西西 | 大学毕业后，我一个人到深圳闯荡，遇见了成熟、优秀的他，
他比我整整大 20 岁，对我关心、体贴，也时常迁就我。
和他在一起，我觉得安全、幸福、温暖，
这种感觉是同龄男孩子无法给予的。
谈婚论嫁的时候，父母和身边的朋友都认为，
年龄差距太大会合不来。
那时，我对这种"成见"很不屑，
我想，只要有爱情，年龄不成问题。

时间真快，我们已经结婚 6 年了，
今年我 31 岁，美丽中多了成熟的丰韵，
而在他身上，我发现了岁月流逝的痕迹。
问题是在结婚后的第三年出现的，
产生于他的一次工作变动。

在此之前，他的事业发展得很不错，负责某网络公司的销售工作，
后来，他们公司大换血，他辞职了。
他这次走出谷底的时间特别漫长。
我突然发现自己的生命还在怒放的时候，
他已经开始走向衰落了。

渐渐地，我发现他不像以前那么关注我了，
我不再是他生命中的重心。
拥有了新的工作之后，
他每天回到家，陪我说不了几句话，就一头钻进书房，
周末的时候，他更愿意待在家里，而不愿意陪我购物。

开始的时候，我以为是新工作压力大的缘故，
可是后来，我意识到，这就是他原本的生活态度。
看到我身边的年轻爱侣们充满激情的生活，我绝望极了。
我终于明白——年龄差异带来的分歧终于呈现在我的婚姻生活中了。

婚姻的真相

东东 | 她常常抱怨我不懂浪漫，
生活观念跟不上时代。
这是年龄差异带来的分歧吗？
我想，是的。

但是，我并没有为此担心过，
因为我觉得这种分歧，
其实是不同年龄阶段的人对生命和婚姻有不同的理解造成的。

从爱上她的第一天开始，
我就尽可能地宠爱她。
我承认，结婚之后，关心她的时候没有以前多了，
但我对她的爱从未改变，
她依然是我生命中的珍宝。

对于一个已经50多岁的男人来说，
他的担当最应该体现在对家庭的责任上，
这难道还没有一次浪漫的晚餐重要吗？
所以，我差不多把全部精力都投入到工作中了。

我没有那么多"玩"心，因为我挥霍不起。
我只有努力工作，不断进步，
才能让我爱的人和我的家庭享受幸福和宁静。
这难道有错吗？

| 子木先生 |

　　真是年龄差异造成的分歧吗？我相信不完全是这样，我与我太太也相差10多岁呢！我们的生活很合拍，两个人也都有很好的共情能力，能够相互理解。尽管我也不陪太太购物，但我们共同散步、阅读、玩拼字游戏、谈论社会热点问题。在我看来，年龄问题是西西内心的一个结，这个结改变了她看待婚姻的视角与感觉。在双方互相适应的过程中，西西找到了一个既简单又省力的归因方法，认为东东与自己生活模式的差异都是年龄差距造成的。这样的看法虽然有说服力，却是个意识的陷阱，因为年龄是不可更改的。在婚姻冲突的因果判定中，我们重视索解取向，让问题的描述方式有利于冲突化解。

　　比如，西西说，东东对生活有不同的选择，或东东奉行一种求实的生存道路，觉得浪漫是在浪费生命，等等。东东的年龄、性格、受教育背景、生活经历只是影响他选择的因素，但起决定因素的还是东东的意识。这样想，就会认为东东不是被动、无奈地被年龄制约，而是能够自由决策的，他能选择这样的生活，也证明他有能力选择放弃这样的生活。这样，西西会发现自己也是自由的，可以选择等待，也可以选择对东东施加更多的影响，他们的婚姻在未来拥有多种可能性。

| 子木夫人 |

的确，嫁给子木先生前，我有时也觉得"那家伙"看起来有些老，以为等着我的是一种相对平淡的日子。没想到，子木先生有极丰富的创造力和想象力，他像一名有经验的引航员，不走平静的水道，而选择一些有"激流暗礁"的航线，让我品尝生活，体验激情，再让我安全返回。看看他的眼睛你就知道，他是一个充满童心的男人。我从西西的语言中感觉到，她有一种年轻的优越感，她会无意识地扮演一个有正当需求的人，把东东推到有不足之处的位置上。人们爱的能力是有差异的，也会随着年龄增长而衰减。一个男人会在不同的年龄段对女人有不同的欲望，40岁以前，他可能更渴望性，更需要躯体的释放与满足；40岁以后，他可能会更需要情，更想获得心灵的释放与满足。性是成型的、即时的、体验式的、在高潮上的；情是无定型的、平缓的、延时实现的、需要逐渐渗透的。西西需要平衡这两种模式。

一起聊聊

西西：东东比我大 20 岁，我们俩现在的生活步调很不一致，这让我很困惑。

子木先生：西西的困惑体现在哪些方面？

西西：体现在很多方面吧。比如，我们几乎没有共同语言，他每天回家后，和我说不了几句话就钻进自己的书房里。我现在刚过 30 岁，身边的同龄朋友还在过浪漫的情感生活，我却已经和他步入中老年轨道。我常常觉得不甘心，甚至怀疑我们的婚姻还能不能继续下去。

子木先生：东东怎么看待西西所说的步调不一致？

东东：我觉得我们的分歧更多地源于不同年龄阶段的人对婚姻生活的理解不同吧，我们在认知上有些分歧。以前我事业顺利时，把她当宝贝一样宠着，这两年经济环境不好，我的工作也出了一些问题。现在，我在事业上花的时间和精力会更多，她可能觉得自己被冷落了。又或者是因为她的事业正在上升期，而我在原地踏步甚至走下坡路？是不是这样？

西西：你难道不觉得自己说的只是一方面吗？我们的问题与你年龄的关系不是更大吗？说得现实一些，这两年你的精力越来越不如以前了。我常想，再过10年，等你60岁时，我才40岁，那时我们的差距会不会更大？

东东：听你这么说，我其实挺难受的。好像是一个旧东西，用完后就被扔掉了。

子木先生：当初是什么原因促使你们决定结婚的？

西西：当时感觉他比那些年轻男孩更加成熟、有魅力，像父亲一样可靠，让我觉得很温暖。但是现在，我开始意识到，我们的生活观念有很多不同之处。

子木先生：东东曾经吸引西西的那部分特质还在吗？

西西：我们刚在一起时，我才20多岁，刚刚工作，有很多不懂的事情，他像人生导师一样指点我。但是现在，我已经比较成熟，有了许多自己的想法，坦白地讲，已经不再像以前那么依赖他了。当时我带着崇拜的心和他走到一起，现在却觉得他的生活方式和思想有点落伍。

子木先生：听起来你们两个人的位置似乎发生了一些变化，那么，又是什么原因使你想和东东继续走下去？

西西：毕竟他是我丈夫，能够继续走下去是我的美好愿望，但我希望自己能够得到一些心理平衡，这样才能更好地说服自己。眼下我最担心的是，随着时间的推移，他会越来越老，我会不会越来越不能忍受？

东东：我抗拒不了自然规律，你让我怎么办？我现在感觉这一切太功利了，甚至开始怀疑当初你和我在一起，并不是因为喜欢我这个人。你只是需要一个帮你在那个阶段解决问题的角色而已。我们不如分开吧，你可以找一个和自己年龄相当的人，我也可以找一个不嫌弃我年岁的伴侣。离婚不见得是一种失败，也可能是一种解脱。

子木先生：离婚听上去也是解决方案之一。但你对现在的婚姻已经没有任何留恋了？

东东：怎么会没有留恋？其实我对西西的爱和原来一样，但她刚才嫌弃的态度，让我特别难受。

西西：对不起。可能我刚才想表达的是，我们怎样才能解决好这个问题？我把年龄这个问题提出来的初衷，就是想和你继续走下去。

子木先生：东东刚刚说到，西西如果嫌弃他，可以选择离婚，他可以找其他人欣赏他。西西听到这些话时，有什么想法吗？

西西：听他这么说，我肯定有点不高兴。我不否认，现在的他其实还是有魅力的。虽然年龄大了一点，但他依然很努力地工作和创业，挺有上进心的。

子木先生：关注东东的努力和上进心，是否会让西西忽略他的年龄？

西西：确实会。他的上进心会让我觉得他还是有些冲劲和活力的。这是我喜欢的。

子木先生：那么，从哪一刻起，西西开始意识到，年龄差距是你们之间的一个问题？

西西：可能是不久前他生病的时候吧。我看到病中的他憔悴而衰老的面容、佝偻的肩背，不知为什么，突然产生了某种强烈的不安。从那以后，年龄问题就紧紧缠绕着我，我越来越觉得这是个事儿。

子木先生：这里好像有个重要的信息。西西谈到自己喜欢东东的冲劲和活力，而他生病时的现实情况却让西西产生强烈的不安，这份不安意味着什么？西西由此可能联想到了什么？

西西：我还来不及细想。也许，我以前从没想过衰老和死亡这些问题吧，但是当看到他生病的样子时，我突然感觉到我是在和一个老人共同生活。也许有一天，他会先我而去，这让我感到恐慌，似乎产生了一种面对生命无常的无力感。我很想逃避这种感觉。

东东：可是谁不会生病呢？谁生病的时候都不那么好受，不那么好看。

子木先生：即使东东没有生病，西西对自己年龄的增长是否也有某种焦虑呢？

西西：这个我承认。作为女性，一过30岁，我心里就开始有点发慌，会想自己是不是也开始变老了？我现在特别愿意去看那些满街跑的小孩、年轻人，看到他们，我会觉得自己也变得朝气蓬勃，好像能从他们身上吸取一些能量一样。我现在之所以那么在意东东的状态,可能也是因为我害怕自己有一天也会像他一样暮气沉沉吧,这使我感到恐惧。

东东:我现在有些理解西西的感受了。我们本能地希望和更年轻、更生动的生命在一起。所以也许我该感谢西西这些年给我的陪伴,她带给我的就是这样美好的感受。

子木先生:当年的东东就像西西的人生导师一样,那么现在,西西也许可以再听一下东东对于衰老的思考?

东东:其实到了50多岁,我反而已经没有30多岁时对青春即逝的恐惧了。承认并接受生老病死这个自然规律,反而更容易放下无谓的忧虑,会活得更舒服一些吧。现在我倒觉得生活更有滋味了。

西西:那你也该学学年轻人的生活方式吧?

东东:我觉得让自己的内在不衰老,活出精气神来,永葆童心,可能才是最重要的。也许需要经过一些刻意的训练,才能让自己的性格中始终保有这部分。我的目标是让自己活成一个老顽童,然后我会对西西说,我永远会是个老顽童,不会让你后悔的,等你老时,可再也找不到我这样的老顽童了。

西西:听你说以后要活成个老顽童,我还是挺受触动的,这样的想法似乎让我没那么害怕衰老了。东东依然像当年一样,是一个很有智慧的人,我似乎又看到了我以前那个榜样。

子木先生:现在,你们对以后的生活有什么新想法吗?

东东：不管以后怎样，我想我还是会一如既往地呵护西西、照顾西西。我其实也比较在意我们之间的年龄差距，不然也不会特别在意她的说法。但是我想，以后我会坦然地承认我们在生理上的差距，不再回避这个问题，并且试着让自己的其他方面加分吧。如果最终西西还是觉得我们无法逾越年龄的问题，我也会接受。

西西：我想，解决这个问题还是要看两人的付出程度。如果经过努力，我们能跨越这些客观因素，我们的关系可能就会上升到灵魂伴侣的高度，到时也许就不会再为年龄的问题而患得患失了。

重构你的婚姻故事

Q1：决定和比你年长许多的他/她结婚时,你是否已经对日后可能由年龄差异引发的问题进行了充分的考虑?

Q2：如果你比他/她年长很多,你如何让自己持续拥有魅力和吸引力?

Q3：你和他/她存在差异,仅是因为年龄吗?这些差异还可能产生于哪些因素?

No.22
怎样解决二胎家庭的多重烦恼
——夫妻关系是所有家庭关系的核心

西西 | 都说生完孩子的头一年,
是夫妻关系的一道坎儿,
再次迈过这道坎儿比上一次更难了。
两年前,我生了二胎。
本以为已有了 6 岁的大宝,
养育老二会很有经验,
可现在的生活乱了套。

有两个娃的全职妈妈真心不好当啊,
我每天既要照顾二宝的起居,又要关注大宝的反应,
生怕因为我照顾二宝多一些,
让大宝产生别人说的心理阴影。
我也是快 40 岁的人了,
一天下来,会累得浑身瘫软。

可他呢,很少负责任,
平时在家从不主动搭把手,
反而振振有词地说我是两个娃的妈了,
照顾孩子本该很上手。
更让我心寒的是,
他还会责备我不理解他在外挣钱的辛苦,
待他不像以前那么温柔、有耐心了。

一想到还要考虑孩子的教育问题、升学问题,
陡增的生活开支问题……
我就觉得自己快窒息了。

东东 | 要二胎是当时我们两个人都同意的,
她甚至比我更热心一些,
还说自己已做好了二宝出生头两年吃苦的准备。

现在她负责在家看孩子,
我负责在外挣钱养家,
这不是之前说好的分工吗?
我们都在尽全力做自己该做的事,
真不明白这有什么好抱怨的。

当然,她照顾孩子很辛苦我是看在眼里的,
只是她有时也太小题大做了,
大宝刚独自待一会儿,
她就说孩子被冷落会有心理问题,
之前没有二宝时,
我和大宝相处得特别好,
现在让她这么一闹腾,
我反而不知道该怎样和孩子相处了!

累了一天,好不容易回家了,
还要看大宝闹、听二宝哭,
面对她的冷言冷语,
我怎么兴高采烈地帮她照顾孩子?
简直太为难人了!

| 子木先生 |

有的夫妻比较适合同甘，一切顺利时，大家其乐融融；有些夫妻可能比较适合共苦，他们会在艰苦的岁月里相濡以沫。既能同甘又能共苦的夫妻并不多见，显然西西和东东更像前者。

夫妻双方经过长时间的交流、沟通和磨合，往往会在妥协和退让中把二人的主被动关系、话语的分量、行为模式等固化下来，形成两个人都能接受和较为稳定的关系模式。如同将两块橡皮泥捏在一起一样，让它们严丝合缝，最好能凝固成型。然而，婚姻生活恰恰不是一成不变的，它会不断地挑战固有模式。西西因为养育孩子负担过重而需要东东做出改变，东东却很难从原有的互动模式中跳出来。从表面上看，西西抱怨是对东东不管家事的情绪表达，其中潜在的信息正是东东疏离家庭，对新的关系模式不适应。

作为男性，东东内心隐藏的期望当然是让妻子更关注自己，而此刻西西对东东的不满很有可能让东东感觉到自己对于家庭来说很重要。这一点似乎可以促使东东更好地关注家庭生活，完成角色转变，做一位称职的父亲。

两个人正处于添丁增口的生活转型期中，应该在坦诚的前提下同舟共济，学会换位思考，分担彼此的焦虑和生活压力，分享彼此心中的想法及孩子在成长过程中的苦恼和乐趣。他们会经历"信息交互—调整、转变—达到新的和谐状态"的过程，就像橡皮泥被塑造一样。有了这样的过程,"新的婚姻"就有机会走向成熟和圆满。

| 子木夫人 |

我比较理解西西。对于女性来讲,养育孩子的过程可能是一生中最难忘的。妈妈们要处理很多琐事,在繁忙中,她们既有压力也会脆弱。西西是两个年幼孩子的妈妈,她有多操劳是可以想见的。何况西西是全职妈妈,她的生活范围相对固定,也很难有空闲时间,指责东东难免成为她舒缓情绪的一种途径。无论是支持西西,还是逃避责任,东东在这一时期内的所作所为,都会被西西加倍放大。

大家常说"一孕傻三年",从心理学角度讲,我们可以将所谓的"变傻"理解为妈妈对自己孩子的共情。在孩子很小的时候,妈妈经常不通过言语就能很好地理解孩子,但爸爸通常不太容易理解妈妈和孩子之间的这种亲密联系,难免会产生失落感。新成员的加入会引起家庭格局的变化和混乱,这时,成熟的男人往往会用爱与包容来呵护妻子与孩子,而不成熟的男人往往会感到无所适从,会下意识地采取简单的逃避策略。东东正是采取了逃避策略,增强了西西的不安和焦虑。

东东需要了解,夫妻关系才是一个家庭的核心。家庭中增加了新成员时,女性会处于紧密纠缠的亲子关系中,丈夫维护好夫妻关系,才会让妻子轻松一些。当看到爸爸给妈妈很多爱和关心时,孩子们的心中会产生充足的安全感,这时,他们不会再把过多的注意力都放在妈妈身上。父母相处得好,也是家庭人际的最好示范,更利于孩子们之间手足之情的培养和发展。

一起聊聊

西西：自从有了二宝，家里的琐事变得特别多，我忙得焦头烂额，东东又不帮忙，有时我觉得自己就快熬不下去了。

东东：我觉得是西西自己把家里的氛围搞得剑拔弩张的。

子木先生：你们觉得孩子多大的时候，你们的生活状态才会改善？

西西：也许等二宝上了幼儿园，我就不会像现在这么辛苦了，但是眼下的日子实在难熬。东东的表现特别让人失望，他经常说我既然不上班，待在家里，所有与孩子有关的事，还有其他家务活就都应该由我负责，他明显是想当甩手掌柜！

东东：现在家里的事我确实管得少，但主要原因是西西越来越挑剔了，我跟不上她的节奏。我每天下班后也挺累的，她还要求我多陪陪孩子，我照做了，她又说我这做得不对，那做得也不对，明显是带着情绪说话。

子木先生：当西西有情绪时，通常会发生什么？东东又是如何应对的？

东东：我觉得我在外面挣钱养家也挺辛苦的，不应该再因为照顾孩子的事被西西指责。其实我照顾孩子的方式如何并不重要，重要的是她的要求太高了，她恨不得要让全世界都围着孩子转。所以我一般会保持沉默,或是干脆躲出去。

子木先生:然后呢,会有人安慰和陪伴西西吗?

东东:大宝吧,大宝会在这样的时候安慰西西。

西西:是的。别看我家大宝才6岁,但他似乎比东东更理解我,更知道我想要什么。每次我和东东发生冲突时,大宝都很担心,我能感觉出来。

东东:你有没有发现,孩子们在你的影响下,也对我越来越不尊重了?以前我和大宝关系挺好的,但是现在他和我说话的语气里常常带着挑衅和不满,和你一样。

子木先生:有了二宝后,家庭结构有了新变化,你们的生活琐事也更加繁杂。东东在什么时候会觉得西西确实付出了很多?

东东:我带孩子的时候吧,会感觉到西西照顾他们很辛苦。

子木先生:你向西西表达过这一点吗?

东东:没有。但我并不是不认可她的付出,我看得到的。

子木先生:那么替爸爸安抚妈妈,会不会让大宝对爸爸的尊重减少?

东东:我需要想一下您说的这句话。也许吧,在照顾孩子这件事上,我可能承担的不够多。

子木先生:西西眼下最大的苦恼是什么?

西西:为了照顾两个孩子,我不得不辞职在家。现在的我像全职保姆一样,没有任何私人时间。哄二宝睡了之后,我还要辅导大宝阅读什么的，会一直忙个不停，整个人特别紧张和焦虑。

子木先生：东东总会有陪伴孩子的时候吧？西西能够在这样的时候放松一些吗？

西西：我不认为东东能做到位，所以也不会很放松。他带孩子时总是出状况，不是把大宝训哭，就是害二宝磕到头。

子木先生：东东每次带孩子都会出状况吗？他们父子有没有相处得很好的时候？

西西：偶尔也有相处得好的时候，但多数时候会出状况。

东东：不管是谁带孩子，西西都像监管员一样，时刻管控，生怕别人怠慢了孩子。她对大宝的情绪尤其敏感，只要大宝单独待一会儿，她就会担心孩子没人陪产生心理创伤，太小题大做了。

子木先生：西西的担心是从哪里来的？

西西：我之前读过一些书，说大宝容易被冷落是所有的二胎家庭都会面临的问题，这个问题容易导致大宝产生心灵创伤。我家大宝就经常因为我对弟弟好而不高兴，有时也会故意捣蛋，引起我的关注，他的表现和书上描写的一模一样。我很担心他受委屈，所以会格外关注他的感受。

子木先生：那么你觉得自己的心态会对孩子产生影响吗？你可以选择担忧、愧疚或者信任他们，哪种心态会对孩子的成长有帮助？

西西：肯定是相信他们啊，因为担忧、愧疚会让孩子们跟我一起紧张，不利于身心健康。

东东：你也只是说说而已。你的行为已经体现出你不相信孩子，也不相信我。

西西：我也不是不信任你，关键是晚上大宝会让我讲故事，小宝又会哭闹着找妈妈，他们都不找你啊。

子木先生：如果西西相信东东是会爱护孩子的，并且把这个信息传达给孩子，孩子们会乐意接受爸爸的照顾吗？

西西：也许会吧。我也希望他们父子的关系更好些，只是，让我相信他能照顾好孩子还是有些困难的。

子木先生：那么，东东认为自己的哪些做法会让西西确定，只有她才能照顾好孩子？

东东：我承认工作一天回到家后，我很想休息一下。有两个孩子的家真是吵翻天了，所以有时候，我宁愿在单位加班。说到这儿，我有些愧疚，我是忽略了西西的感受，毕竟她需要24小时陪着孩子们，更无法放松吧。是我逃避了责任，让她孤军奋战。

西西：你终于能理解我一些了。

子木先生：有没有东东和孩子相处得很愉快的时候？

东东：有啊，前不久，我还带大宝参加了我们公司组织的一次短途旅行呢，我们相处得很好。

西西：是，虽然我不是很放心，但每次打电话时都能感觉到大宝很开心，我都不知道他是怎么做到的。

子木先生：这件事是否可以说明东东还是具备照顾孩子的能

力的？

西西：也可以这么说吧。其实有时我也觉得，孩子们更愿意和他在一起。他带孩子们玩的花样多，他们会觉得更有趣。

东东：老师说的这句话让我受到了鼓励，也让我很惭愧。我偶尔带带孩子，就觉得确实很辛苦，我是该多帮帮西西。只是我觉得我们都要给对方一点空间，西西如果把孩子交给我，就不要干涉我具体怎么做。

西西：那你们产生冲突怎么办？或者孩子们产生冲突了，我也不干涉吗？问题总要解决呀？

子木先生：西西和孩子们产生冲突了是如何解决的？需要东东的帮忙吗？

西西：我倒是很少需要东东帮忙，甚至觉得他会越帮越忙——您的意思是，让他们自行解决？

东东：我想说，你其实可以相信我。我有自己的解决方式，可能和你的方式不同，但也是值得相信的。

西西：我会反思的，也会尝试着相信你。

子木先生：那么如果把这份相信再扩大一些，两个孩子之间的冲突有可能让他们自行解决吗？

西西：这个我没想过，毕竟他们还那么小。

东东：我觉得有可能啊，上次我就看到他们两个抢玩具时，大宝告诉二宝，要轮流玩。

子木先生：西西是否愿意给孩子们提供更多的成长机会？比如通过让大宝帮自己照看二宝，增进兄弟俩的感情，增强大宝的责任心？

西西：哦，我可能没关注过这个层面上的问题，只关注到他们需要我的照顾。

子木先生：你觉得哪种方式会让大宝更快乐？是妈妈带着负罪感补偿他，还是妈妈把他看成一个小男子汉，信任他，让他通过照看弟弟，知道自己很棒、很能干？

西西：我明白了。就是说，我日后可以试着调动一下孩子们的积极性，让他们做些力所能及的家务事。这样既锻炼了他们，也解放了自己，对吗？

东东：这个主意好！不仅要这样对孩子，也要这样对我。发挥我们的主动性，就是调动全家的资源，西西会轻松一些。将来家里的三个男子汉会一起照顾她，多幸福啊！

重构你的婚姻故事

Q1：妈妈的心态对孩子的成长有哪些影响？

Q2：作为爸爸，你是否会积极地参与到孩子成长的过程中，并和孩子发展出属于你们的互动方式？

Q3：在承担照顾孩子的重任时，你是否会把他／她和孩子当作资源，邀请他们共同维护你们的家庭？

NO.23

出轨后的婚姻还能修复吗

——理解婚姻，出轨的人背叛的是自己

西西 | 半年前，我发现他在外面有了别人。
我无意中看到了可疑的手机短信，
他极力否认，还说没想到我也会庸俗地疑神疑鬼。
但后来，我查到了他们的网上聊天记录，
在那些我再也不想看第二眼的文字面前，他承认了。

我被自己一向信任的人背叛了，
一下子尝到了万箭穿心的滋味。
当时的第一反应是离婚，
可他向我沉痛道歉，发誓不再和那个女的联系。

出了这样的事情虽然生气，
但是气过以后，肯定会找原因。
我承认，他出轨有我的责任，
这几年因为怀孕、生子，
我把重心都放在了孩子身上，
对他的关心减少了。
他负担着家里三分之二的开支，
我们的孩子才两岁，
离了婚，我们娘俩儿就更没法过了。

他向我道歉之后，日子还没平静几天，
我又一次发现了他们之间的暧昧短信，
这一次带给我的伤害是致命的。
什么发誓？全是骗我的！我再也不能相信他了！
我的"元气"好像已经完全消耗掉了，
再也折腾不动了。
一想到这场婚姻，
我就觉得眼前一片漆黑，
怎么办呢？

东东 | 刚结婚的时候,
我对那些有了外遇的男人们非常不屑,
但没想到有一天,我也成了那样的男人!
所有出轨的理由都是借口,
我们的婚姻是出了一些问题,
但我不想用这些问题为自己开脱,
我就是犯了错误。

当那个女孩说不需要我负任何责任的时候,
我再也抵不住这种诱惑,
我承认,我是一个有点软弱、有点不负责任的男人。
但从西西发现我有外遇的那天起,
我就成了一个十恶不赦的人,
一个连我自己都讨厌的人,
因为我言而无信,我撒谎,我无耻,
我偷偷摸摸,很猥琐……

我现在二十四小时都被她监控,
经常面对无休止的盘问。
而她也变成了一个我根本不认识的人,
她和我吵架时说的每一句话都难听到不能再难听,
她看我的眼光让我害怕,那里面满是仇恨……

我这是自己捅了自己一刀,我怨不着别人,可我也很疼。
没有一天是安生地度过的,
怎么办呢?

| 子木先生 |

对这样的事，我可不敢乱说，太太在那儿盯着呢！不过，从一个过来人的角度看，外遇出现分三种情况。

第一种与婚姻无关，与个体对生命或情感完整程度的要求有关。有的人并不满足于一生仅有一种情欲体验，需要在情欲上追求更多的满足与幻想。这样的人内心对道德或伦理的需求相对比较低，所以在情爱方面相对自由，内心的冲突也相对较少。他们似乎活得更自我、更本真一些。他们并不认为结婚后，自己所有的性与爱都要属于对方。他们坚持情欲是自己内心世界里的奇葩，无人可以独自享有。不管他们的婚姻生活多么美好，在条件合适的情况下，他们都会自由地浪漫一把。不要以为这样的人不好，跟这样的人相爱、结婚常常会觉得很甜美、很放松，因为对方很有爱心，知道怎么疼你、关心你。

第二种常常是为了寻求对婚姻的补偿，他们不愿意失去婚姻，却又对配偶有诸多不满；或者他们需要得到一些关爱，却又因为许多原因不能如愿。刚开始的时候，他们只是需要寻找一个红颜知己或蓝颜知己，让自己的内心平衡，后来就发生了意料之外的事。一旦婚外情发生，他们似乎立刻就找到了平衡，会觉得婚姻并没有那么糟，婚外情也不过如此。有时出于一种道义责任，他们会勉强维持婚外关系，但并不想投入太多的热情。

第三种是对婚姻的否定，目的是破坏婚姻关系，给自己从原有的婚姻中解脱出来的勇气。他们有时并不真的喜欢外遇对象，但会无意识地要把问题搞大、不节制、透露外遇信息，结果可想而知。当对方愤怒的时候，自己顺水推舟，结束早就想结束的婚姻。被追究责任的时候，他们还有"尚方宝剑"——爱，"我爱那个人，我控制不了自己"。因为我们的社会推崇爱是婚姻的基础，没有爱的婚姻是不道德的，所以有一些人以爱为借口，走出婚姻。

| 子木夫人 |

不要相信子木先生，他的理论多少有为男人开脱的嫌疑。其实不管男女，每个人在骨子里都会坚持情爱是自己内心的事。一旦有了外遇，人们总会给自己寻找一些理由让自己获得心理平衡，婚姻就会成为替罪羔羊。被外遇纠缠，而配偶又用破坏性的力量肢解婚姻的时候，离婚就是最后的结局。所以三种情况其实就是一种，只是发生在不同的阶段而已。

（子木先生表示反对：每种情况中，个体的行为方式都是截然不同的。第一种情况中的人重视内心体验，行为谨慎；第二种情况中的人蜻蜓点水，会快速摆脱纠缠；第三种情况中的人产生了依恋情绪，无法节制情感，不能自拔。）

东东的婚外情显然是他们婚姻中的一个大挑战。由于心理学不涉及道德意识中的对与错，而且每个人对道德的需求水平也不一样，我们无法评价什么。但我们可以做一个假设，如果想让婚姻变得更好，西西就要分析自己的愤怒，这些愤怒的本质是什么？哪些是对婚姻有益的？哪些是破坏性的？西西还要觉察自己的爱，自己对婚姻忠诚是不是全都是为了丈夫，会不会还有许多道德、经济、孩子等方面的压力制约了自己，或者仅仅是因为没有安全感。

心理学以为，一个人没有外遇，其实不代表他或她对爱情忠贞，真实的情况更可能是他或她不能承受内心的道德压力，自愿选择了一种严谨的生活态度，或者缺乏爱的动力与能力，等等。因为泛爱是人的一种本性，不压制它，它就会泛滥。

那个男人看起来属于你，其实他永远属于他自己，你觉得自己拥有那个男人的一切只是一种幻想。如果明白了这一点，你就会对自己好一些，奉献得少一些，抱怨得也会少一些，婚姻也会更和睦稳定。

东东要把妻子的抱怨看成依恋，不要忙着防御。西西对东东的二十四小时监控并不代表不信任，而是一种补偿，她在内心自责，潜意识中觉得对东东的关注不够。东东需要用真诚的爱来体会西西的心，这样东东就不觉得日子那么难过了。同时东东也要监视自己，看看自己是否能承担得起有外遇要付出的代价，如果不能，那么下一次再面对外遇时，就要克制。当然，原则上，我不主张贬低自己，如果东东认为自己不是人，还需要通过西西的宽慰证明自己错得没那么严重，那么对西西来说，就是不公平的。东东需要自我平衡。尽管西西受伤的程度和她对婚姻的理解有关，而且从人性的角度上看，爱是美的，但东东给西西带来伤害便是错的。

一起聊聊

西西：我已经不再相信东东了,打算和他离婚,但他说会痛改前非,让我再给他一次机会。我到底该怎么办?

子木先生：是什么样的想法在阻止你和东东离婚?

西西：更多的是因为孩子吧。我实在不忍心让他在这么小的时候就变成单亲家庭的孩子,害怕对他的成长造成不好的影响。

子木先生：东东是怎么看待自己这个行为的?

东东：我现在也蛮痛苦的。我在这件事上确实犯了错,就像被点着了的火药桶一样,把责任、婚姻、家庭统统都忘了,也许这就是男人的动物本性吧。我也知道这种事没有灰色地带,一定要做个了断,但是和那女孩再次联系后,我才发现自己无能为力。我对自己也很失望。

子木先生：无能为力。听上去,东东对控制自己的行为没有一点办法,事情都是在被动中发生的,那么,又是什么原因使你最终选择回归家庭?

东东：我和西西是有感情基础的。婚后这些年,她为家庭付出了很多,我父母对她很满意。要是我们打算离婚,首先就过不了我父母这关。同时,我也会考虑到孩子,心里舍不得他。总而言之,我心里是有这个家的，否则早就同意和她离婚了。

子木先生：现在两人的生活状态怎样？东东还有没有勇气和诚意重新获得西西的信任？

西西：度日如年。一想到这场婚姻，我就觉得眼前一片漆黑，再也没有希望了。

东东：我知道自己犯了十恶不赦的错，是咎由自取，所以无论西西怎样对我，我都要接受。只是她现在二十四小时监控我，和我吵架时说的每句话都那么刺耳，眼看着她这样，我既心痛，又自责，还有些畏惧。好好的日子被我弄成这样，我也很难受，不知道还能不能再回到从前。

子木先生：出轨第二次被发现后，东东觉得有哪些原因使你感到自己对了断婚外的关系无能为力？在哪种情形下，你才有可能主动约束自己的行为？

东东：我也反思过这个问题，也许是我付出的代价太小了。上一次西西轻易原谅了我，我让这种宽容变成了纵容。也许她当时对我还抱有希望，但这一次她对我彻底失望了。我觉得再不改变，这个家就完了。我这几天想了一下，如果西西愿意接受，我可以把财产都过户给她，也算是我给出的补偿和承诺吧。对我来说，这样做也许是一种更实际的约束。

子木先生：西西认为东东的这个提议如何？是否有足够的诚意？

西西：我只能说我要考虑一下。在刚发现他出轨时，我并没有一味地责备他,也在反思自己的原因,但是没想到换来的是再一次背叛,他挑战了我的底线。我常想,他如果爱我,怎么会忍心一再做这样的事来伤害我?所以唯一的解释只能是他并不爱我,一直在欺骗我!一想到这里,我就觉得自己始终生活在谎言中,这个念头让我发狂!

子木先生:爱,大多来源于自己,还是来源于他人?别人给予的是爱,自己的付出是不是爱呢?

西西:我明白您的意思。这些年我确实把他看得太重,把自己看得太轻了。其实我最恨的不是他,反而是我自己。在别人眼里,我是一个有主见的人。以前曾有朋友遇到过类似的事,我还劝对方干脆离婚算了,但是现在这种事发生在我自己身上时,我才知道做出这样的决定有多难!一想到这么多年的感情转眼成空,我就对生活失去了兴趣,觉得做什么事都不再有意义。

子木先生:如果西西不是一个感情真挚、深刻的人,可能就不会这么痛苦、纠结了。你愿意接受这样一个真挚的自己吗?

西西:(默默地流泪)听您这样说,我似乎感受到了安慰。也许就像您说的那样,我会痛苦并不是因为我不够坚强,而是因为我还算是个真挚的人。可惜这种真挚已经被东东破坏掉了,他的行为让我觉得所有的人和事都不可靠,我现在完全没力气应付其他事,尤其是带孩子。我不确定如果离婚,我能不能独自照顾好孩子,给他一个相对健康、良好的成长环境?所以我现在最大的心愿就是希望自己尽快度过这个糟糕的阶段，让自己快点儿好起来。

子木先生：这样的事发生之后，西西也不允许自己的情绪低沉一段时间吗？

西西：也许吧，我不太允许自己软弱，这可能和我的性格有关，我一直觉得软弱和哭闹对解决问题是没有帮助的。

东东：不是为自己开脱，但我也想解释一下。西西很多时候都太独立了，让我觉得我们的关系很疏远。结婚之后，无论我打算给她买什么礼物，她都说不需要。我一方面很喜欢她的独立，但另一方面又觉得自己好像不那么被她需要，这可能也是我犯糊涂和那女孩在一起的原因之一吧。但是前几天，当我发现她的抑郁诊断证明时，我才知道自己将她伤得这么严重。

西西：别说那么多了，比较痛快的解决方式就是离婚吧。你一再背叛我，让我觉得自己活得太憋屈。

子木先生：西西现在是痛苦的，但请西西试着想一想，假如有一天，你的经济收入更多、有更多空闲时间、人际交往更宽泛了，你情感出轨的可能性会大于现在吗？

西西：我出轨？

子木先生：只是假设。

西西：客观地讲，说不准吧。毕竟我眼下的精力主要放在了孩子和他身上，没有太多机会接触其他人，所以也不确定自己遇到诱惑时会怎样处理。但出轨在我这里只是一种假设，在他那可是坐实的，而且是一再发生的。

子木先生：也就是说，西西在这种情况中也有不确定性？我们有时可不可以把不确定性理解为一种可能性？

西西：从这个角度想，也许我就没有那么愤怒了，但我不可能这么快原谅他。

子木先生：通过这件事，东东真的懂得珍惜你们的婚姻了？如果真的懂了，那么在西西的心里，重建两人情感的主要障碍是什么？

西西：我觉得这件事让我失去了尊严和对他的信任，也让我深感羞辱。它们会像鸿沟一样，永远摆在我们面前。

子木先生：我们属于婚姻，还是属于自己？如果我们认为自己属于婚姻，对方的背叛当然会给我们带来这些糟糕的感受。但是如果我们属于自己，对方背叛的是不是就是他自己了？

西西：您的意思是，如果他是属于他自己的，他的背叛就是对他自己的背叛？感到羞耻的应该是他，而不是我？

东东：老师说得对。说心里话，这半年多经历了这些事后，我已经有些嫌弃自己了，心里确实不舒服，失去了一些坦荡的感觉，好像自己变得猥琐了。

子木先生：婚姻是两个人的，但是我们仍然可以通过它看到自己。保持或放弃两个人的亲密关系、对婚姻是否忠诚，仍旧是自己的主动选择对吗？

西西：如果可以选择的话，我会仔细想一下。

东东：我当然要选择忠诚。

子木先生：如果说，你们接下来会选择让自己的婚姻变得更好，你们认为哪些想法或行为对你们的婚姻有益，哪些可能具有破坏性？

东东：我保证以后会对西西坦荡，邮箱密码之类的，只要她想知道，我一定告诉她，不会再拿隐私权作借口，努力让自己在她面前是透明的，这样可以吗？不过我有个小小的请求。现在我真心想改变，能否拜托西西不要反复地提以前的事？每次她一张口，我就觉得自己糟糕透顶，甚至让我产生破罐子破摔的念头。我没有指责西西的意思，只是现在，我也很需要她的支持。

西西：我的愤怒在短期内是无法平息的，也许只能靠时间抹平。说到底，还是东东把我们之间的信任破坏掉了，重建哪有这么容易？不过如果他自己选择改变，我接下来可能会看他的实际行动，而不是听他嘴上说什么。

子木先生：东东如果把西西的指责、抱怨当成对你仍有爱意，甚至在她开口前就做好倾听的准备，你们的关系会有什么不同吗？

东东：如果这个假设是真的，我也许会更有勇气面对自己。因为一想到她恨死我了，我就根本没胆量再靠近她。她如果愿意再给我一个机会，我也愿意把我说的事情做到位，让她放心。

西西：我还有一个担心，有没有这样一种可能，东东其实并不想继续和我在一起，而是因为一些外在的因素，比如他刚才提到的孩子、父母和财产等，才没有胆量离开我们的婚姻？如果是这样的话，我们的感情岂不是不纯粹的？

子木先生：西西为什么不认为这些都是自己的资源呢？你希望这些宝贵的资源，在东东眼里没有价值吗？

西西：好的，我明白您的意思了。

重构你的婚姻故事

Q1：出轨后，想让婚姻破镜重圆，哪些想法或行为对婚姻是有益的？哪些可能有破坏性？

Q2：在哪些情形下，你会主动约束自己的行为以保障婚姻的稳定？

Q3：我们属于婚姻，还是属于自己？如何平衡两者间的关系？

No.24
被疾病或残疾挑战的婚姻还能圆满吗
——面对意外,更当珍惜

西西 | 我们曾一见钟情，
在他眼中，我温柔、漂亮，
他的成熟、稳重也深深吸引着我。
从恋爱到结婚，我们都是非常幸福的一对儿。
可是，谁也没有想到，命运如此不公。

婚后不久，我被确诊为乳腺癌，
接受了切除手术。
生命中最温柔、美丽的部分没有了，
我觉得，生命的意义也就此消失了。

我怨恨命运，
为什么让我在新婚不久后，就遭遇这样的不幸？
看着他忙碌的身影和关切的面容，
我心里装满了说不出的苦痛。

我陷入了深深的自卑，
我不但不再美丽，而且也不能再算是一个完整的女子。
我想让他离开我，
我觉得自己残缺的身体再也不能给他快乐和幸福。
可是，我真的应该就此放手吗？
曾经的山盟海誓仿佛还在耳边，
仅仅因为我生病了，我就应该失去爱人吗？
仅仅因为我生病了，我就失去了爱和被爱的权利吗？

快乐和健康已经远离了我，
难道我的爱人也不能留下来陪我？
唉，我身体残缺的部分无可替代，
难道我内心的痛苦也无法解脱？

东东 | 手术之后，
她总是跟我说，让我离开她，
说她是个累赘，不能给我带来幸福。
我很生气地说：
爱一个人是一辈子的事，
我既然爱你，
就不能在你不幸的时候抛弃你！
我了解你的痛苦，我不在乎你的病。

可是，手术之后，她确实变了，
以前那个单纯天真的小鸟不见了，
她变得那么脆弱、多疑。
我回家稍晚一点，
她就会用怀疑的眼神盯我半天，
不放心地问这问那。
逛商场的时候，每次走到内衣专柜附近，
她都会扭头就走，回家后会生好长时间闷气。
电视和网上那么多美女的图片，
我不可能看不到。
可我只要扫一眼，她就会脸色煞白，伤心半天。
天知道，我其实就是无意中看到的。

有时候，我很为以后的日子担心，
我们都还年轻，
难道以后漫长的日子都要在怀疑和不安中度过？

| 子木先生 |

追求完美是人在爱情中的一种自然倾向，我很理解西西对身体的担忧。在某种意义上，身体的完整象征着心灵的完整，身体上的缺失也可能引发心灵中某些部分的缺失。爱情也一样，追求完美、完整爱情的需求，促使人类出现处男、处女情结，我们也有"从一而终""生死相随""白头偕老"这样的词形容男女情爱关系。不过，事实上，完美是个暴君，它破坏或扼杀人在爱情中对现实的享受。

乳房这个原始意象本应代表哺育，而不是情欲。爱情的文学描写与男人深藏的恋母情结（对乳房全神贯注）使乳房在美学中及女性心理与生理上被过多强调。看看两岁以下的小孩子如何痴迷于母亲的乳房，再看看男人如何抚爱妻子的乳房，你就会立即发现，男人和小孩在这样的时刻中所获得的心理愉悦感是完全相似的。所以对西西来说，缺少一个乳房，只是缺少了一种完整感，但对一个男性来说，这让他在情欲与享受体验方面遭遇了重大挫折。真正难以面对这种情况的可能不是女人，而是男人。

对生命的基本态度影响我们如何看待这件事。生命本身是一种存在，它的唯一特性就是时间性。诞生、发育、成长、恋爱、成熟、结婚、生育、养育、衰老、死亡，构成一个生命的存在序列，情爱在整个生命序列中只占一个小部分，一个乳房的意义不能等同于生命的意义。生命意味着"完成"，我们在生命序列的每一个时间阶段中按照生命发展的本能实现生命的内涵。虽说西西在乳房切除术后会自卑是必然的，但为此选择主动放弃或逃避就是无视或轻视了那个男人的权利，现在，应该是让东东发球的时候，这个球不在西西手里。

| 子木夫人 |

不要再责怪这个值得钦佩的女子，子木先生不懂女人的心，西西会担忧只是因为她对婚姻缺乏信心，我猜东东也传达出了有许多含混不清的信息，这增加了西西的担心程度。事实上，更难走出心理困境的是东东。听他讲的话，你会发现他关注的都是西西的问题，而事实上，西西的情绪正是在他的这种视角下产生的，这样的关注点体现了他内心的矛盾，只是他觉察不到。他把所有的挫败感、沮丧、烦恼都投射在妻子的行为中。他并非不在乎，他在乎得很呢。

（子木先生说：别对男人那么苛刻！）

| 子木先生 |

我得说，这是对男人的苛求，实际上，当妻子的乳房被割掉的时候，男人的心理乳房也被割掉了。两个人会陷入一种共同的缺陷感里，我承认这个男人也需要得到关怀，很多伟大的女人为了关怀

自己爱着的男人，会在患乳腺癌后冒着生命危险，只接受乳房的部分切除手术，或者在术后做乳房再造与整形。她们对男人的爱与怜悯让生命震撼。

如果东东改变自己的关注点，多多关注西西劫后余生的欣喜，关注西西顽强战胜疾病的精神，高度欣赏与赞美她的灵魂，那么她不仅不会如此担忧，反而会欣然地接受病痛，也会减弱，甚至战胜对疾病与死亡的恐惧。

东东如果有胆魄，可以在抚爱妻子身体的时候幽默地说："我会把对两个乳房的爱全部放到一个上面，我会更爱你的。"这对消除妻子心中的不完美感有巨大的帮助。如果西西可以在做爱的时候超然地说："我敢用自己残缺的身体来爱你，说明我对你的爱已经深入骨髓，我的心灵也在与你做爱！"这种说法让这个男人平凡的爱也得到了升华，两个人深度分享会让双方在情爱中共舞。不是所有的人都有机会让爱在心灵的层面上交融，我期待着他们可以。

一起聊聊

西西：虽然东东现在依然对我特别体贴，但他那么优秀，我觉得自己和他已经不太相配了，纠结着是不是要离开他。

子木先生：西西的身体恢复得还好吗？

西西：还算好。

子木先生：想来，西西坚强乐观的性格也是顺利康复的重要原因吧？

东东：说实在的，面对这么大的手术，西西表现得非常坚强，没有情绪崩溃，还安慰我不要太过担心。我挺佩服她的。

西西：也说不上坚强吧。疾病是突然发现的，根本没有那么多时间考虑以后会怎么样，我只是想配合医生早点把病情控制住。当医生宣布手术成功的时候，我一方面有劫后余生的欣喜，但另一方面，我看到自己术后残缺的身体，想到这一生都只能如此，也突然觉得特别无助，甚至有种不真实感。

子木先生：西西还不能完全接受现在的自己？

西西：是，这个问题对我来说就是一种伤害。我现在就想一个人待着，不想被人打扰。谁也不愿意让自己的身体变成这样，别人也不会喜欢看到。

东东：我觉得西西想得太多了，不管怎么说，我对她的爱还在，我真的一点儿都不在乎这个问题。

子木先生：西西觉得自己的全部等于一个器官吗？或者说，一个器官可以代表全部的你吗？

西西：它是我很重要的一部分，是不可或缺的，但我已经永远地失去它了，所以对于我来说，它目前在我心里是最重要的。我现在对婚姻的担忧已经超过了对身体的担忧，感觉让婚姻继续下去对东东很不公平。

子木先生：你觉得对东东不公平，那么东东的看法又是什么样的？

东东：我不这样想。要说不公平，我认为是命运对西西不公平。她那么年轻，我们的幸福生活才刚刚开始，谁知道一场疾病把这一切都改变了。"谁也不知道，明天和意外哪个先来"，我现在对这句话深有体会。

西西：他嘴上说不介意，但我能感觉到在很多生活细节上，他是介意的。让他用余生守着一个残缺的我，永远得不到普通夫妻的快乐，对他来说，是不是不公平？以他的条件，他可以有更好的选择。

东东：好吧，我承认我确实心存芥蒂，但我介意的并不是西西的身体，而是现在的生活和以前大不相同。比如，西西以前单纯、开朗，但现在脆弱、多疑，经常怀疑我的行为动机，这让我的神经总是绷得很紧，生怕一不小心惹恼了她。

子木先生：西西在坦然面对疾病时，会脆弱和无助。东东也有这样的时刻吗？

东东：谁都有这样的时刻。说真的，我们是夫妻，当她面临生死关头，一个乳房要被切除时，我也会感到恐惧和无助。但是有什么办法呢，既然已经这样了，就只能试着接受，这些伤痛也只能交给时间治愈吧。但是我担心如果自己流露出负面情绪，她的心理负担会不会加重？我想尽力扮演一个能让她依靠的角色。

子木先生：现在，东东把自己的担忧和期待也分享出来了，你们觉得两个人更亲近了还是更疏远了？

西西：东东的话似乎让我有了一些同舟共济的亲密感。但我还是觉得以后的路很漫长，也许因为我们刚结婚，所以他现在还很爱我，但是日子久了，感情会变得平淡，与其等他那时说出"觉得生活很遗憾"之类伤人的话，还不如现在分手，起码我们还能保留美好的记忆。

东东：你这样想，是在假定我对你的感情一定会发生变化吗？这对我公平吗？记得你曾经告诉过我，你养过一只小狗，后来小狗意外受伤了，但你并没有丢弃它，反而对它更好了。从那以后，小狗和你的感情更深了。虽然用这件事举例并不那么恰当，但我想说的是，你在我心中的位置无可替代，生病不是你的错，反而让我心里更多了一份怜惜，我愿意一直陪着你。而你现在把心门关上了，不让我和你的感情连接在一起。

子木先生： 西西一遍一遍地说想要离开东东，却没有真正离开，东东觉得西西在期待什么？

东东： 您的话给我提了醒。也许我不需要反复和她解释什么，而是要在行动上真正支持她，让她心里踏实。或许西西的矛盾是命运给我的考验？

西西： 对，我心里是有矛盾的。我想过离开东东，但还是下不了决心。我没有办法打消自己的顾虑，现在的我已经没多少自信了，也许有些伤口需要独自舔舐。

子木先生： 如果你们只能与彼此厮守一小段时光，你们会如何珍惜？

西西： 东东和我只有一段短暂的相处时间？我的第一反应是，也许我们会不舍得分开吧，其次是我会为能有他陪伴而感到幸福。我想我可能顾不上抱怨什么，毕竟时间太少了。

东东： 我会更喜欢那样的你！虽然你总是不断地强调自己不能忍受身体上的缺失，但对我来说，这已经是必须接受和正在接受的事了。我和你在一起，是因为喜欢你的整体，而不是你的某个部分，最吸引我的是你的善良和温柔。如果我们只能短暂相处一小段时间，我希望通过自己的善意和爱，来帮你冲淡因为我不能感同身受而带给你的痛。

子木先生： 如果只有一段短暂的相处时间，东东会如何面对西西的怀疑和不安？

东东：也许我会更理解她。毕竟积攒负面情绪对身体是有损伤的，她冲我发泄可能会对身体的康复有些好处，况且她也只会对最亲密的人才表现出自己不理性的一面。另外，我会鼓励她体验更多样的生活，比如我们可以外出旅行、品尝美食，会让她感觉到生活仍是值得热爱的。

子木先生：假如东东注定是属于西西的，在以后的日子里，西西也确认了东东对自己的爱，那么你们对待爱情、婚姻的态度会和以往有什么不同？

西西："东东注定是属于西西的"这句话让我觉得特别安心，好像也有了某种自信。我想如果我们能够同甘共苦，继续走下去，那我拥有的感情一定特别真挚、珍贵。并且此刻我好像明白了一点，就是不管婚姻是永远的，还是暂时的，抱怨都是无益的，身体上已经有了缺失，精神不能再委顿了。

东东：命运让人敬畏，给了我们意想不到的考验。既然如此，我想和西西说的是，我们一起接受这样的安排如何？像凤凰涅槃一样，新生的爱也许会比原有的更深刻、更长久。

重构你的婚姻故事

Q1：如果你的生命只剩下最后一周，你会做什么？

Q2：如果他 / 她能陪伴你的时间很短暂了，你会如何珍惜这份情感？

Q3：目前为止，你们在婚姻中还有哪些遗憾？如果可能，你和他 / 她愿意为此做出哪些改变？

No. 25
无味的婚姻还有继续的必要吗
—— 为了维护自己的婚姻观而破坏婚姻值不值得

西西 | 我是个大学教师,
一直想通过心灵感受幸福。
我总觉得,追求物质是没有尽头的,
有了一定的物质基础之后,
就应该注重心灵交流和情感沟通,
可他从来不会这样想。

在他的眼里,
好像除了挣钱,挣更多的钱之外,
就再也没有别的,
他给了我很好的生活条件,
却从未关注过我的内心世界。

因为不了解而快乐,因为了解而痛苦。
这就是我在几年的婚姻生活中得出的结论。
我们的内心变成了两条平行的直线,
不会再有交叉在一起的时候,
继续走在一起,终究还是会苦恼的,
可是,真的要跟他分开吗?
我没有这样的勇气。

很久很久以前,
让我最快乐的事就是下班后静静地靠在他怀里,
和他说会儿悄悄话。
这样的日子已经消失很久了,
我的心情就像手里的这杯水一样冰冷,
今夜的月色如此凄清……

东东 | 结婚这么多年，
我们争争吵吵，磕磕绊绊。
她总是觉得我太世俗，
我也说她总生活在太空之中。
她不知道如今在外边工作有多艰难，
也不明白物质条件在现代社会多么重要。

她只会钻进书房里读书，
管她自己那点事，
从来不知道照管家务，
也从来不关心关心我，问问我的事业发展情况。
真不知道从什么时候起，
我们在生活上的差距变得这么大。

时间长了，
大事往往会引发冷战，
小事也会让她数落我好长时间，
这样的日子还有什么幸福可言，
我们沟通起来为什么就这么艰难？

合，都很难过，
分，又舍不得。
我到底应该怎么做？

| 子木先生 |

令我感到奇怪的是，东东、西西为什么没有想到获得精神满足需要以物质为基础，而精神上的富足也会为丰厚的物质条件锦上添花？从互补的角度看，这对夫妻应该是绝配。真正的问题在于东东和西西彼此不认同，因为不认同，互补反而让他们互相拆台。

世界上有许多对立的事物是并存的，他们并不会你死我活，但我们贬斥一方面，褒扬另一方面，才出现那么些麻烦。西西可能觉得钱够用就行了，多余的时间应该用来谈情说爱；东东觉得钱很重要，时间很宝贵，不应该把时间浪费在卿卿我我上。这就说明他们的价值取向不同，所谓"道不同，不相为谋"。

每个人走进婚姻时，都对婚姻有期待，对对方也有期待，这种期待来源于人们小时候在原生家庭中积攒的对于婚姻的印象。这种期待的产生过程有如一种文化传承。家庭文化是一种内心线索，人们会无意识地找寻回家（父母家）的路。那么，两个来源于不同家庭、传承了不同文化、没有并存思想的人走到一起，很难不发生冲突。

正如杂交会让一些植物具备特殊优势一样，文化碰撞也会让人们的思想获得提升。"近亲繁殖"而成的文化缺少竞争力和优势。比如夫妻二人的父母都是大学教授，那么他们的婚姻就会让他们的家庭文化保留在原有的水平上，他们的后代会更加缺少社会适应力和竞争力。来自不同家庭环境的两个人结婚，就会让不同的家庭文化彼此交融，孩子的胆识会因为双亲不同的教育引导方式而丰富起来。

| 子木夫人 |

只有并存思想是不够的，还需要有分享的能力。东东、西西显然缺少这种能力，他们没有彼此接纳与分享，婚姻也就走进了死胡同。婚姻应该是个互利的场所，不该像东东、西西这样在彼此间设立边界与围墙，为了维护自己的婚姻价值观，不惜破坏婚姻本身。

婚姻是有生命的东西，它诞生于播种下的爱情，成长于体贴地照料，成熟于辛勤地浇灌，结出的果实是相互依存的快乐。一段婚姻面临解体类似于一个生命即将消逝。爱情与婚姻将对方慢慢地移入自我的内心，而面临分别之时，双方也要一点点地把对方剔除出去，想想这个过程，你就知道决定离婚的东东和西西心中有多痛苦了。

不过，我从东东、西西内心的声音中感觉到，他们俩只是在冷战。虽然说分手在即，但他们的心中多少还有几分哀怨。彼此抱怨说明两个人对对方还有期待，一个真正决定离婚的人会一下子变得宽容。他与她不再抱怨，而是清晰地知道没有谁对谁错，只是谁也没有能力调和与适应彼此的差异。

用坦诚的心接受离婚，比通过强调对方的问题掩盖自己的脆弱要开心一些,也能让自己更自如地面对下一段婚姻。从一段婚姻中离开会让人成长,心中那种渴望合二为一的完整感,会变成真正独立的完整感。

一起聊聊

西西：我和东东没什么交集了，我们的婚姻就像"死"掉了一样。我在想要不要和他分开。

子木先生：你们的婚姻从一开始就是这样的吗？

西西：谈恋爱时，我觉得他挺有上进心的，没想到我们的价值观相差这么大。随着年龄增长，他更注重物质追求了。在外人看来，我们生活富足，但是和一个这样的人共度余生，其实毫无乐趣可言。

东东：我其实也有这种无趣的感觉。她也不想想，如果没有眼下还算不错的物质基础，她能这么踏实地想"风花雪月"吗？她不但不知足，反而常常抱怨，我觉得我们两个人之间没什么共同语言了。

子木先生：每个人看待生活的方式都有独特之处，这可能与人们过往的经历相关，东东对物质的观念是如何形成的？

东东：可能从小时候起就逐渐形成了吧。小时候我家里比较穷，一些别人家有的东西，我家没有，所以很小的时候，我就在心里暗暗发誓，将来一定要挣足够多的钱。

子木先生：东东认为足够多的钱是多少呢？

东东：确实，挣钱是无止境的。其实现在停不下来的原因已经不完全是想赚钱了,生意上的事是一环扣一环的,发展到一定程度后,根本停不下来,我也有自己不得已的苦衷。西西惦记的儿女情长,我确实顾不上,也许再过几年,我才有可能放松下来。

西西:我可以体谅你的苦衷,但我还是不赞同你的活法,人总得有点精神追求吧。

子木先生:西西认为东东保持事业心、上进心,是一种精神追求吗?

西西:这个我没想过。

东东:对啊!难道保持事业心不是一种精神追求吗?你总说人要重视精神世界,难道我拼搏、努力、奋斗,不是在探索精神世界吗?从这个角度看,我觉得我的精神世界很丰富。

子木先生:那么西西呢?你为什么这么关注精神世界呢?

西西:我的家教就是这样的。我父母都是知识分子,他们一直认为精神高于一切。

子木先生:西西的父母是怎么看待东东的?

西西:其实在外人眼里,包括在我的父母眼中,东东是一个挺不错的丈夫。有事业心,没有花边新闻。结婚以来,他把我保护得很好。他是我们家的代言人,家里家外的事都是他处理的。从这个方面来说,他是一个称职的丈夫,只是我们之间没有交流的那种感觉是很痛苦的。中年人婚姻的幸福程度不是应该取决于相互理解的程度吗?我们本应该是最亲密的人,但现在这种渐行渐远的感觉让人很沮丧，我觉得自己越来越孤单，有时真的很想离婚。

子木先生：那么又是什么让西西留恋这段婚姻？

西西：也许是这么多年的感情吧。很久之前，我们也曾快乐过。我们刚在一起时，每天也会说说悄悄话，那是一种很快乐的感觉，我留恋的可能是我们的曾经。

子木先生：东东也会怀念西西所说的那些时光吗？

东东：会啊，怎么不会？要是没有以前的感情基础，估计我们也不会勉强维持到现在。

子木先生：为什么不能让那些时光重现呢？比如两人每天在一起聊聊天，这样的做法对谁来说更有难度？

西西：我们现在聊天都聊不到一块儿，说不上几句话就会有冲突。他说的话几乎和我没什么关系，都是生意场上的事，我丝毫不感兴趣。他也从不关心我想聊什么。

东东：她爱读书，喜欢诗情画意，这些我都欣赏。但是我们不能只聊这些话题吧？她从来不关心我在事业上有没有困难，总觉得我太世俗。但没有物质基础，一切都是空谈。

子木先生：你们有没有可能每天都留出一段时间互相分享？比如每天交流半个小时，在这段时间内，你们不谈对错，只试着取悦对方，让对方高兴。听上去可行吗？

西西：取悦？我可能不擅长取悦别人。

东东：这个我也不能保证，我的空闲时间不太固定。

子木先生：陪伴和相互取悦是好的婚姻不可或缺的。有些人直到离婚时，都没有意识到自己结过婚，你们会如此吗？

西西：也许我们的问题正在于此吧，我们都太注重自己的生活方式和生活节奏了。

东东：双方都不愿意让步。

子木先生：如果时光能够倒流，你们还会选择彼此吗？

东东：您这样一问，让我回想起当初决定和她结婚，就是因为喜欢她知性博学，她安静单纯的性格和小富即安的生活态度给我减轻了不少压力，正因如此，我才能轻松上阵，全心全意地发展事业。从这个角度讲，我该感谢她，我从来没有后悔过。

西西：当初我也曾被他强烈吸引，没有什么后悔的。

子木先生：假如有一天，你们的婚姻真的结束了，你们会有什么遗憾吗？

西西：不瞒您说，我还真想过这个问题。如果有一天我们真离婚了，我想我最大的遗憾是，自己没能力把这段婚姻经营得让两个人更开心。东东如果能遇到一个真心欣赏他的人，可能会比现在过得更幸福，会得到更多来自妻子的关心和爱护吧。

东东：不管怎么说，西西是和我同甘共苦过的，她的感情很纯粹。如果真有那一天，我辛苦奋斗而来的财富就不能和她分享了，会让我觉得有遗憾吧。

子木先生：听起来你们似乎并不想为自己的婚姻留下太多遗憾。

假如说,你们老到即将告别这个世界时,依然在一起,你们认为自己是如何走出目前的婚姻困境的?

东东:我觉得您的这个问题给了我们一个思考现状的新角度。也许现在的状况是对我们感情的一次考验?迈过这个坎儿,我们的关系会更好?假设到那时,我们还没有分开,大概是因为西西没有放弃我们的婚姻,我也主动做了一些改变。比如我腾出一些时间陪她、听她说话,也邀请她到我的公司看看我的工作状况。这些让我们更了解和理解对方了。我现在知道接下来该怎么做了。

西西:听了这个问题,我忽然有点感动。它让我想起了一句话:"时间在哪里,人生就在哪里。"也许只有经历了尘世间的波折和洗礼,我们的生命才会更加丰富、完满。婚姻可能也需要经历这样的过程吧。

重构你的婚姻故事

Q1：每个人都有自己的生活观念，当你和他／她出现分歧时，你们的态度是开放而包容的吗？

Q2：如果时光能够倒流，你们还会选择彼此吗？

Q3：如果即将和这个世界告别，你会如何看待那些曾经存在于你们婚姻中的冲突和矛盾？